Pesquisa de preços para licitações públicas: 15 erros que você deve evitar (a qualquer cu$to).

De acordo com a Lei 14.133/2021 e Instrução Normativa SEGES-ME 65/2021.

Abimael Torcate de Souza

Eu Te Ajudo a Licitar

Dedicatória

À Samuel Torcate Neto e Josefa Maria Torcate.

Agradecimentos

Agradeço a Deus, pela benção da salvação;

Aos meus pais que me ensinaram o valor de estudar e transmitir conhecimento;

A minha esposa, Elioney Johse, por ser companheira em meio a tantas situações difíceis.

Sumário

APRESENTAÇÃO

Caro leitor, este é um dos livros mais especiais que já escrevi. Você está diante de um material valioso, mas não do ponto de vista financeiro.

Para você entender o que quero dizer, saiba que, assim como você, eu também trabalho no meu dia a dia fazendo pesquisa de preços e sei o quanto essa etapa da fase de planejamento pode ser desgastante.

O motivo deste livro ser um dos mais especiais, é porque ele foi forjado no calor da batalha.

Foram as dificuldades enfrentadas nas pesquisas de preços que já fiz que me deram inspiração para mais esta obra.

Apesar de este texto ter sido escrito de acordo com a legislação e seguindo a interpretação do Tribunal de Contas da União, ele foi gestado a partir de experiências reais executando a árdua missão de estimar o preço de aquisições e contratações públicas.

Por isso, tenho plena convicção do valor desta obra para quem trabalha elaborando a pesquisa de preços para licitações públicas.

Contudo, apesar da intenção deste livro ser de ajudar aqueles que elaboram a pesquisa de preços, tenho consciência de que alguns dos erros identificados nesta obra não podem ser resolvidos apenas pela ação do agente responsável por essa atividade, por um simples motivo: eles são erros causados por problemas estruturais e ocasionados pela baixa maturidade em governança das contratações.

Por isso, é possível que ao ler alguns dos problemas que serão relatados você pense que não é possível resolvê-los da forma que será proposta.
Esse sentimento será ainda mais forte, quanto menor for a estrutura a sua disposição.

Por fim, deixo claro que este livro não foi escrito de forma alheia a essa realidade, e por isso, em alguns momentos serão apresentadas soluções que possam ser colocadas em prática, mesmo em entidades públicas mais carentes.

Espero que de alguma forma esta obra possa lhe ajudar no seu trabalho e contribuir com a elevação do nível de maturidade em governança onde ela for lida.
Aproveite.

O Autor

INTRODUÇÃO

A pesquisa de preços é um dos momentos mais sensíveis da fase de planejamento de uma compra pública. Por esse motivo é necessário que o agente responsável por a executar, desenvolva competências específicas ligadas a essa atividade.

Além disso, dependendo do objeto a ser licitado e da quantidade de itens, esse procedimento pode demorar meses e nesse tempo podem ocorrer diversos problemas que podem literalmente por todo o seu trabalho a perder.

Nesse livro nós estudaremos alguns dos problemas mais comuns e como evitar que eles ocorram, a partir da legislação aplicada a esse procedimento administrativo, mais precisamente os artigos 23 e 24 da Lei 14.133/2021 e a Instrução Normativa SEGES n° 73/2020 e a Instrução Normativa SEGES n° 65/2021.

Também utilizaremos o posicionamento do Tribunal de Contas da União - TCU para entendermos como esse órgão de controle interpreta alguns dos conceitos ligados à pesquisa de preços.

Apesar de ter como base a Instrução Normativa SEGES nº 73/2020 e a Instrução Normativa SEGES nº 65/2021, os quais são utilizados pela Administração Pública Federal Direta - APFD, os princípios aqui utilizados podem ser adaptados para interpretar outros regulamentos, já que todos serão originários da Lei 14.133/2021.

Além disso, o foco dessa obra é a pesquisa de preços para processos licitatórios. Dessa forma, não falaremos sobre a pesquisa de preços para a contratação direta.

É preciso lembrar também que Municípios, Estados e Distrito Federal, quando realizarem processo licitatório que envolva verbas da União, deverão definir o valor previamente estimado da contratação por meio da metodologia definida no art. 23 da Lei 14.133/2021, como pode ser constatado no excerto a seguir:

Art. 23, § 3º - Nas contratações realizadas por Municípios, Estados e Distrito Federal, desde que não envolvam recursos da União, o valor previamente estimado da contratação, a que se refere o caput deste artigo, poderá ser definido por meio da utilização de outros sistemas de custos adotados pelo respectivo ente federativo.

A seguir será apresentada uma lista com 15 erros que podem ocorrer durante a pesquisa de preços e que você deve evitá-los, sob pena de macular ou inviabilizar o seu processo de aquisição ou contratação.

1 - NÃO UTILIZAR O MÁXIMO DE PARÂMETROS POSSÍVEIS NA COMPOSIÇÃO DO PREÇO ESTIMADO.

Apesar de ser algo já exaustivamente falado pelo TCU, esse é um dos erros mais cometidos, principalmente por compradores inexperientes.

Geralmente esse erro ocorre quando o Agente responsável pela pesquisa de preços tem mais facilidade de extrair a informação para a construção do preço de referência de um tipo de parâmetro.

Por exemplo, se o Agente entra com os dados da pesquisa no Painel de Preços e o sistema retornar informações de pelo menos três certames que podem ser utilizados na pesquisa, existe uma grande probabilidade que ele já construa o valor de referência desse item e passe para o próximo, sem utilizar outros parâmetros informados na legislação.

Se por acaso o Agente enviar pedido de cotação para três fornecedores e as respostas chegarem com brevidade, também é grande a probabilidade de o valor de referência ser formatado apenas a partir desse parâmetro.

A meu ver, existem pelo menos dois fatores causadores desse problema:

1 - A quantidade de itens em um mesmo processo em conjunto com a necessidade de celeridade para que o processo "ande".

2 - Baixa maturidade em governança das contratações e ausência de ferramentas mínimas de controle.

Você pode estar pensando: Abimael, mas o caput do art. 23 da Lei 14.133/2021 e do art. 5º da Instrução Normativa SEGES-ME 65/2021 **informam que podemos utilizar os parâmetros de forma combinada ou não.**

De fato, você tem razão. Contudo, eu disse no começo que nós não ficaríamos apenas na análise dos normativos, mas que também utilizaremos o entendimento do Tribunal de Contas da União – TCU, com a finalidade de desenvolver a capacidade de elaborar uma pesquisa de preços de forma mais segura.

Para isso vou transcrever os enunciados de alguns acórdãos, por meio dos quais o TCU analisou esse assunto, para que você perceba o padrão de entendimento da corte de contas:

Acórdão 2637/2015-TCU-Plenário

*As estimativas de preços prévias às licitações devem estar baseadas em **cesta de preços aceitáveis**, tais como os oriundos de pesquisas diretas com fornecedores ou em seus catálogos, valores adjudicados em licitações de órgãos públicos, sistemas de compras (Comprasnet), valores registrados em atas de SRP, avaliação de contratos recentes ou vigentes, compras e contratações realizadas por corporações privadas em condições idênticas ou semelhantes.*

Acórdão 2352/2016-TCU-Plenário

*Nas licitações e prorrogações contratuais de serviços de manutenção predial, a Administração deve, em atenção ao art. 6º, inciso IX, alíneas c e f, e art. 7º, § 4º, da Lei 8.666/1993, incluir, nos estudos técnicos preliminares da contratação: (i) estudo e previsão da quantidade de material a ser utilizado; (ii) estudo e definição do tipo e da quantidade de postos de trabalho que serão utilizados; e (iii) estimativa de preços, **considerando uma cesta de preços**, devendo documentar o método utilizado no processo de contratação.*

Acórdão 1875/2021-TCU-Plenário

*As pesquisas de preços para aquisição de bens e contratação de serviços em geral devem ser baseadas **em uma "cesta de preços"**, devendo-se dar preferência para preços praticados no âmbito da Administração Pública, oriundos de outros certames. A pesquisa de preços feita exclusivamente junto a fornecedores deve ser utilizada em último caso, na ausência de preços obtidos em contratações públicas anteriores ou cestas de preços referenciais (Instrução Normativa SEGES-ME 73/2020).*

A esse ponto você já deve ter percebido que o TCU defende que a pesquisa de preços deve ser composta por uma **"cesta de preços"**. Isso significa, na prática, que você deve utilizar a maior quantidade de parâmetros possíveis na construção do preço de referência do certame.

Esse também é o entendimento da Secretaria de Controle Interno do Superior Tribunal de Justiça – STJ, explicitada por meio do Manual de Orientação de Pesquisa de Preços que você pode conferir apontando a câmera do seu celular para este código QR.

Esse manual afirma que *"Assim, esta unidade de controle se alinha ao entendimento do Tribunal de Contas da União quanto à necessidade de se consultar o maior número de fontes possíveis, de forma a possibilitar que a pesquisa de preços reflita o real comportamento do mercado, possibilitando ao órgão impedir a celebração de contratos com preços superiores aos praticados pelo mercado"* – **(STJ Pág. 8 e 9).**

Por isso, lembre-se: na hora de montar o seu mapa de preços utilize a maior quantidade de parâmetros possíveis como forma de equilibrar o resultado.

2 - AO FAZER PESQUISA NO PAINEL DE PREÇOS, BAIXE O TERMO DE REFERÊNCIA DO CERTAME PARA TER CERTEZA DE QUE VOCÊ ENCONTROU O MESMO ITEM QUE ESTÁ LICITANDO.

Caro leitor, esse é um erro muito comum quando utilizamos o painel de preços.

Esse problema ocorre porque a base de pesquisa do Painel de Preços é formada pelo catálogo de materiais do Governo Federal, também conhecido como CATMAT. Pois bem, esse catálogo é de utilização obrigatória para todos os órgãos da Administração Pública Federal Direta – APFD.

Dessa forma, sempre que um órgão precisar licitar, utilizando o sistema do Governo Federal, ele deve utilizar um dos códigos do CATMAT para identificar os itens do certame.

Bom já deu para perceber a importância desse sistema para as licitações púbicas?

Então, todas as vezes que um órgão da APFD for licitar, é preciso identificar cada item por meio de um código próprio existente no CATMAT.

O problema é que existem colegas que, na hora de cadastrar um item, não conseguem encontrar o código ligado a descrição correspondente no CATMAT e por isso utilizam o descritivo mais aproximado que encontrar.

Outros vão mais além e simplesmente utilizam qualquer código para o item que vai licitar. Por esse motivo, muitas vezes o sistema te informa o preço de um produto, com aquela descrição, mas na verdade o item que foi licitado é outro.

Sabe qual a consequência prática disso? Distorções no valor de referência.

Acontece da seguinte forma: Você inseriu um número de CATMAT no Painel de Preços, por exemplo 461755. Então o sistema te retornou um resultado compatível com esse código, que no caso é PAPEL PARA IMPRESSÃO FORMATADO, TIPO:RECICLADO, TAMANHO (C X L):297 X 210 MM, GRAMATURA:75 G/M2, COR:BRANCO. Contudo, apesar do descritivo ser igual ao objeto que você está pesquisando, o item que realmente foi licitado é outro com características totalmente diferentes daquele que você está licitando.

Além disso, por não ser o mesmo item o valor informado pelo sistema não corresponde ao preço daquele do produto que você está pesquisando.

Para você ter uma ideia, certa vez em uma pesquisa de preços para adquirir móveis de escritório, eu encontrei um armário de apenas R$ 0,50 e o preço médio até aquele momento estava em 350 reais.

Claro que um valor tão discrepante quanto esse qualquer um notaria, não é mesmo? O problema reside nas diferenças menores, mas com potencial de influenciar no valor de referência da licitação.

A consequência disso será um item com possível sobrepreço, ou ainda um preço manifestamente inexequível que poderá culminar em um item deserto ou fracassado, durante a fase de seleção do fornecedor.

Então, como forma de driblar essa situação, o mais indicado é sempre baixar o termo de referência e conferir se aquele item que você encontrou na pesquisa, corresponde ao que você pretende licitar.

3 - NA PESQUISA DIRETA COM FORNECEDORES, VOCÊ PRECISA TER CERTEZA DE QUE O FORNECEDOR ENTENDEU O QUE VOCÊ ESTÁ QUERENDO COTAR.

Todos sabemos que só existe comunicação quando o receptor entende exatamente o que o emissor da mensagem quer dizer.

Por isso, na hora de enviar a solicitação de cotação na pesquisa direta com fornecedores, você precisa ter certeza de que o fornecedor entendeu o que você está querendo comprar e que ele compreendeu todos os pontos que podem influenciar na formação do preço.

Não deixe nem uma informação de fora. Informe local de entrega, quantidade por embalagem, prazo máximo de entrega, tempo para pagamento, entre outros aspectos.

Se por acaso você resolver estabelecer um cronograma de entregas e, para isso, utilizar termo de contrato, também não deixe de informar isso no pedido de cotação.

Para você ter uma ideia, o valor de referência da sua aquisição ou contatação e, consequentemente o valor final homologado no certame, podem sofrer uma bela redução apenas devido a informação de que será assinado um contrato de fornecimento com um calendário predefinido de entregas.

Isso ocorre devido a previsibilidade que as empresas terão em relação ao fluxo de caixa, o que reduz riscos e propicia melhores condições de negociação com os fornecedores da contratada.

Mas calma, não leve em consideração apenas essa informação para utilizar termo de contrato em todos os seus certames. Existem outros aspectos que devem ser sopesados como por exemplo espaço de estocagem e disponibilidade orçamentaria.

Mas voltemos ao assunto deste tópico.

Se o fornecedor não conseguir compreender todas as nuances envolvidas na entrega do produto que você está querendo licitar, ele vai te enviar uma cotação errada, o que pode ocasionar a perda do item no certame ou um possível sobrepreço.

Observe o que diz esse trecho da Instrução Normativa SEGES-ME 65/2021:

Art. 5º, § 2º, inciso III - informação aos fornecedores das características da contratação contidas no art. 4º, com vistas à melhor caracterização das condições comerciais praticadas para o objeto a ser contratado;

O art. 4º citado, por sua vez, informa que:

*Art. 4º - Na pesquisa de preços, sempre que possível, deverão ser observadas as **condições comerciais praticadas, incluindo prazos e locais de entrega**, instalação e montagem do bem ou execução do serviço, **quantidade contratada, formas e prazos de pagamento, fretes**, garantias exigidas e marcas e modelos, quando for o caso, observadas a potencial economia de escala e **as peculiaridades do local de execução do objeto.***

Bom, espero que você tenha compreendido a importância de informar todas as condições que podem impactar na construção da proposta que será enviada pela empresa.

4- UTILIZAR APENAS O PARÂMETRO DE PESQUISA DIRETA COM FORNECEDORES PARA COMPOR O PREÇO DE REFERÊNCIA, SEM ANALISAR DE FORMA CRÍTICA OS PREÇOS COLETADOS.

Eu sei que no primeiro tópico nós falamos sobre trabalhar a partir do conceito de "cesta de preços", e que não é recomendado realizar uma pesquisa de preços utilizando apenas um parâmetro.

Apesar disso, é preciso esclarecer que nem a Lei 14.133/2021 e nem a Instrução Normativa SEGES-ME 65/2021 vedam a pesquisa direta com fornecedores como único parâmetro para formar o valor estimado da contratação.

Inclusive, tanto o art. 05 da Instrução Normativa SEGES-ME 65/2021 como o § 1º do art. 23 da Lei 14.133/2021 informam que os parâmetros podem ser utilizados de forma combinada ou não.

É claro que existirão situações nas quais não será possível utilizar outros parâmetros, devido a inexistência da informação nos sistemas de preço oficiais ou devido as características do objeto, como veremos no capítulo 11.

Então, se o que lhe resta é a pesquisa direta com fornecedores, deixe isso bem esclarecido nos autos do processo, demonstre que você tentou utilizar outros parâmetros e não conseguiu e tenha cuidado com as possíveis armadilhas de utilizar apenas esse parâmetro, como será demonstrado a seguir.

A questão é a seguinte: quando você faz a pesquisa de preços utilizando apenas a pesquisa direta com fornecedores, existe a probabilidade de o preço estimado ficar muito acima dos valores normais de mercado.

Ocorre que as empresas, ao saberem que se trata de uma cotação para compor preço de referência para processos licitatórios, aumentam o valor cobrado pelos itens.

Por isso, ao realizar a pesquisa de preços utilizando como parâmetro apenas a pesquisa direta com fornecedores, é bem provável que você ficará com um preço estimado acima dos valores de mercado.

Existe um fenômeno que acontece nos processos licitatórios quando o valor de referência é construído utilizando apenas a pesquisa direta com fornecedores e esse valor fica muito acima dos preços de mercado.

Em situações como essa, geralmente, se a concorrência for acirrada durante a fase de lances, ou seja, se comparecerem várias empresas e elas brigarem ferozmente pelo item, você verá um grande desconto no preço final, na casa dos 30% ou 40% de desconto.

Observe esse trecho do Acórdão 403/2013-Primeira Câmara:

Representação de unidade técnica do Tribunal apontou irregularidades na elaboração do orçamento que serviu de base para a contratação de serviço de manutenção predial, objeto do Pregão Eletrônico 47/2010, conduzido pela Coordenação-geral de Recursos Logísticos do Ministério da Fazenda - COGRL/MF. Segundo a autora da representação, a estimativa de preços que integrou o projeto básico da licitação revelou-se inconsistente, visto que os valores pesquisados apresentaram grandes variações de preços, "suficientes para se afirmar que a média desses preços não se presta para representar os preços praticados no mercado".

*Anotou, a esse respeito, que o órgão poderia ter-se valido dos preços praticados em outros contratos celebrados pelo órgão com objetos similares. **Tal fragilidade teria ficado patente a partir da verificação de que a proposta vencedora (R$ 3.292.668,90) apresentou valor muito menor do que o estimado pela COGRL/MF e que constou do edital (R$ 6.423.490,12).** O relator, ao endossar a avaliação da unidade técnica, considerou ser indispensável que a Administração **"avalie, de forma crítica, a pesquisa de preço obtida junto ao mercado, em especial quando houver grande variação entre os valores a ela apresentados".***

*E fez menção à ementa do Acórdão 1.108/2007-Plenário: **"Não é admissível que a pesquisa de preços de mercado feita pela entidade seja destituída de juízo crítico acerca da consistência dos valores levantados, máxime quando observados indícios de preços destoantes dos praticados no mercado".** Concluiu, por isso, ter havido violação ao disposto no art. 7º, § 2º, inciso II, da Lei 8.666/1993. Anotou, no entanto, que desse vício não resultou dano ao erário, porque a disputa entre as licitantes conduziu à contratação do serviço por valor adequado. O Tribunal, então, ao acolher proposta do relator, decidiu apenar os responsáveis com multa do art. 58 da Lei 8.443/1992. Precedente mencionado: Acórdão 1.108/2007-Plenário.*

Observe que nesse caso ocorreu uma redução da ordem de mais de 50% do valor inicialmente orçado. Além disso, segundo o acórdão citado, só não houve prejuízo ao erário *porque a disputa entre as licitantes conduziu à contratação do serviço por valor adequado.*

Em outras palavras, graças à bendita competitividade o certame foi salvo. Então lembre-se de sempre promover o máximo de competitividade possível quando planejar uma compra ou aquisição, pois além de o princípio da competitividade está listado no art. 5º da Lei nº 14.133/2021, isso pode salvar seu certame e seu CPF.

Contudo, se não ocorrer uma ferrenha disputa pelo item, é bem provável que o preço adjudicado seja mais caro que os valores de mercado, o que será considerado um sobrepreço e que pode se transformar em um superfaturamento.

Por isso, é preciso ter cuidado ao utilizar qualquer parâmetro de forma isolada.

É preciso existir a devida análise crítica dos preços coletados com a finalidade de identificar se existe uma compatibilidade mínima com aqueles praticados no mercado, como afirma o Acórdão 403/2013.

5 - LEVE EM CONSIDERAÇÃO AS MUDANÇAS DE MERCADO PARA IDENTIFICAR POSSÍVEIS PREÇOS SEM ADERÊNCIA À REALIDADE.

Antes de te explicar esse item, peço que você leia esse trecho da Instrução Normativa SEGES-ME 65/2021:

*Art. 6º, § 4º - Os preços coletados devem **ser analisados de forma crítica**, em especial, quando houver grande variação entre os valores apresentados.*

Caro leitor, não vou brincar com a sua inteligência para explicar esse ponto, por isso, quero ser sincero com você: os itens 5, 6 e 7, dependem do desenvolvimento de algumas competências e de maturidade em governança em aquisições (Fenili, 2018) para que sejam executados.

A meu ver, a execução dessas atividades está diretamente ligada a esse trecho da Lei 14.133/2021:

*Art. 18 - A fase preparatória do processo licitatório é caracterizada pelo planejamento e deve compatibilizar-se com o plano de contratações anual de que trata o inciso VII do caput do art. 12 desta Lei, sempre que elaborado, e com as leis orçamentárias, **bem como abordar todas as considerações técnicas, mercadológicas e de gestão que podem interferir na contratação, compreendidos:** (...)*

O trecho destacado em negrito, na minha interpretação da lei, é a base para os próximos itens e, como falei, exige o desenvolvimento de uma habilidade diretamente ligada a esse propósito.

Às vezes o local em que você trabalha pode não te proporcionar a estrutura necessária para que você execute as atividades da forma descrita nesses itens.

Apesar disso, eu preciso te ensinar esses pontos, pois dependendo da complexidade e do custo do objeto que você estiver licitando, você terá que dispensar atenção para esses itens.

A minha função aqui é te ajudar a entender o que fazer e como fazer. Se vai ser feito ou não, é você quem decide.

Contudo, faço um apelo para que, apesar das dificuldades do dia a dia e da falta de estrutura que existem em muitos órgãos, que não venhamos a desanimar.

Precisamos ser indutores de mudanças no ambiente organizacional.

Precisamos influenciar uma mudança de cultura.

Dito isso, vamos a explicação desse item.

O mundo todo passa por um momento de crise na área da saúde que, consequentemente, impacta nos preços de vários insumos utilizados pela Administração Pública.

Por isso, é preciso ter cuidado para não incorrer em aquisições com valores bem mais elevados do que os preços de mercado, sob a justificativa de alta generalizada ocasionada pela pandemia.

No auge da pandemia eu tive que fazer pesquisa de preços para comprar produtos de saúde como luvas, máscaras, entre outros.

Nunca tinha vivido uma realidade como aquela. Lembro-me de um dia, mais ou menos em julho de 2020, que eu finalizei uma pesquisa de preços de luvas de procedimento às 9h da manhã e quando foi às 11h30min o fornecedor disse que o preço tinha aumentado. Detalhe, às 15h o fornecedor enviou e-mail informando que o preço já tinha aumentado novamente.

Uma situação extremamente complicada para conseguir um preço de referência que não gerasse prejuízos para Administração Pública.

Contudo, após alguns meses o mercado conseguiu se reabastecer de matéria prima e os preços dos insumos hospitalares começaram uma curva decrescente de volta para os preços praticados antes da pandemia.

É claro que dificilmente voltará ao que era antes da pandemia, mas certamente estavam mais baixos do que os valores cobrados no auge da primeira onda.

Toda essa explicação eu escrevi para chegar a esse ponto e te dizer: você precisa conseguir captar essas mudanças de mercado para não comprar mais caro.

Eu nomeei essa habilidade de **consciência situacional**, que é um termo utilizado no âmbito militar. Ou seja, os preços estavam caindo, mas as empresas ainda queriam manter os valores antigos na tentativa de aumentar o lucro ou porque ainda tinham estoques antigos, comprados a preços maiores e não queriam ter perdas, o que é totalmente compreensível.
Só não significa que a Administração Pública vai comprar pagando um valor maior.

Por isso, é preciso desenvolver competências ligadas a essa atividade da fase de planejamento para saber como agir em situações como essa.

Esse é o motivo pelo qual os preços devem ser analisados de forma crítica, para que sejam identificadas eventuais distorções.

Para isso, não tem jeito, você precisa estudar o mercado e levar em consideração **os aspectos técnicos, mercadológicos e de gestão que possam interferir na contratação**. Apenas por meio desse conhecimento acerca do objeto e do mercado no qual ele está inserido, será possível obter consciência situacional o que possibilitará analisar as informações coletadas de forma crítica.

6 - QUAIS MODAIS LOGÍSTICOS ESTÃO DISPONÍVEIS NOS LOCAIS DE ENTREGA? QUAL O ENDEREÇO DA ENTREGA?

Antes de iniciarmos esse ponto, vamos ler mais um trecho da Instrução Normativa SEGES-ME 65/2021:

Art. 4º - Na pesquisa de preços, sempre que possível, deverão ser observadas as **condições comerciais praticadas, incluindo prazos e locais de entrega**, *instalação e montagem do bem ou execução do serviço,* **quantidade contratada, formas e prazos de pagamento, fretes**, *garantias exigidas e marcas e modelos, quando for o caso, observadas a potencial economia de escala e* **as peculiaridades do local de execução do objeto.**

Na precificação de um produto ou de um serviço são levados em consideração vários fatores. O preço do frete é um desses fatores.

O frete exerce uma grande pressão no valor final dos insumos. Por esse motivo, as empresas vão sempre procurar modais logísticos mais baratos para economizar nesse quesito.

Dessa forma, você precisa ter conhecimento dos modais logísticos disponíveis na sua região, pois eles exercerão pressão sobre o preço final que você vai pagar.

Existem dois aspectos a serem levados em consideração nesse caso: locais de entrega e prazo máximo de entrega.

Explicando melhor: Se o seu órgão estiver perto de grandes centros logísticos como o estado de São Paulo ou Rio de Janeiro, é possível que você consiga exigir um prazo menor de entrega. Contudo, se o seu órgão estiver no estado do Amazonas e for preciso pegar uma balsa e navegar três dias para chegar até o local de entrega, você precisa ser mais comedido nas exigências de entrega.

Caso você exija que a entrega seja feita em 3 dias úteis após o recebimento da nota de empenho, dificilmente esse prazo será cumprido ou **o preço do item ficará bem mais caro**, já que a empresa terá que utilizar modais mais caros e raros nos locais de entrega, como por exemplo aviões, helicópteros ou fretar uma lancha rápida pare percorrer o rio até o local de entrega. Por isso, existe uma alta probabilidade de que você tenha um pregão deserto ou fracassado ao exigir um prazo de entrega sem levar em consideração os aspectos geográficos e logísticos.

Outro efeito danoso de fazer exigências como essa sem levar em consideração o mercado, é a proliferação de processos de apuração de irregularidades contratuais.

Você com certeza sabe que apurar irregularidades na entrega do objeto é um poder/dever da administração. Ou seja, o agente público não pode escolher se vai apurar ou não a conduta faltosa.

Dessa forma, caso as suas exigências de entrega estejam em desacordo com o que o mercado pode oferecer, inevitavelmente as empresas vão atrasar a entrega dos itens e você terá que abrir processo administrativo para investigar a conduta da empresa em desacordo com o edital e seus anexos.

Por isso, estude o mercado e informe na pesquisa de preços os locais de entrega de forma que os fornecedores compreendam esse aspecto, no caso da pesquisa feita direta com fornecedores

7 - FAÇA ANÁLISE CRÍTICA DOS PREÇOS COLETADOS.

Observe o trecho a seguir retirado da Instrução Normativa SEGES-ME 65/2021:

Art. 6º, § 4º - Os preços coletados devem ser analisados de forma crítica, em especial, quando houver grande variação entre os valores apresentados.

Já falamos um pouco sobre esse assunto no item 5, mas ainda restam alguns aspectos a serem levados em consideração, por isso decidi incluir mais esse tópico.

Durante a coleta dos preços para a formação do valor de referência você precisa estar atento a discrepâncias entre valores coletados. Você não pode simplesmente inserir dados no painel de preços ou em um sistema particular de pesquisa de preços e utilizá-los cegamente.

É necessário observar se aquele valor está condizente com o mercado e com o item que você está cotando, nas condições de entrega que foram estipuladas no seu termo de referência.

Por exemplo, se inserir no painel de preços um código CATMAT ou um descritivo para pesquisa de um item, por exemplo, de luvas cirúrgicas, o sistema rapidamente vai te informar vários certames desse item. Contudo, você precisa ter cuidado.

Um dos cuidados está em analisar se pode estar acontecendo o que eu descrevi no item 6 e o que você verá no item 11.

Você precisa baixar o termo de referência e observar onde aqueles itens deveriam ser entregues e a quantidade que foram comprados.

Aliás, até o fato de o órgão utilizar o sistema de registro de preços ou se órgão tinha a intenção de receber os itens licitados de uma única vez, interfere no valor final ofertado pelo licitante. Mas calma, não estou dizendo para você chegar ao ponto de levar essas duas últimas informações em consideração em todas as pesquisas de preços que fizer, pois seria inviável do ponto de vista prático.

Tudo isso impacta no valor final da licitação. O empresário quer lucro. E está certo. Por isso, ele não vai perder em nada, com exceção dos aventureiros que participam de licitações sem conhecer seus próprios custos, é claro.

Para ficar mais fácil de entender, eu vou trazer um exemplo bem extremo: imagine que você esteja comprando um item para ser entregue no estado de Santa Catarina.

O preço que você coletou no Painel de Preços foi de licitação vencida por uma empresa que está situada no Estado do Rio Grande do Sul e a entrega foi no Estado do Amazonas. Agora imagine quanto de frete está embutido no valor final desse produto.

Por isso, os preços coletados precisam ser analisados de forma crítica, como aborda o acórdão a seguir:

> *A pesquisa de preços que antecede a elaboração do orçamento de licitação demanda **avaliação crítica dos valores obtidos**, a fim de que sejam descartados aqueles que apresentem grande variação em relação aos demais e, por isso, comprometam a estimativa do preço de referência. **Acórdão 403/2013-Primeira Câmara** | Relator: WALTON ALENCAR RODRIGUES*

A meu ver, a Lei 14.133/2021 disponibiliza ao gestor algumas ferramentas para que ele consiga materializar essa análise crítica sem descuidar da segurança jurídica, como é o caso do trecho a seguir:

Lei 14.133/2021 - Art. 82 - O edital de licitação para registro de preços observará as regras gerais desta Lei e deverá dispor sobre:

...

III - a possibilidade de prever preços diferentes:

a) quando o objeto for realizado ou entregue em locais diferentes;

b) em razão da forma e do local de acondicionamento;

c) quando admitida cotação variável em razão do tamanho do lote;

d) por outros motivos justificados no processo;

A interpretação que faço desse excerto legal, é que o inciso III do art. 82 é uma forma de materializar o final do caput do art. 18, já que entrega, nas mãos do gestor público, uma forma de levar em consideração questões técnicas e mercadológicas que podem interferir na contratação, como mostra o excerto legal a seguir:

Art. 18 - A fase preparatória do processo licitatório é caracterizada pelo planejamento e deve compatibilizar-se com o plano de contratações anual de que trata o inciso VII do caput do art. 12 desta Lei, sempre que elaborado, e com as leis orçamentárias, bem como abordar todas as considerações técnicas, mercadológicas e de gestão que podem interferir na contratação, compreendidos...

Na prática, os comandos contidos no inciso III já são utilizados em vários certames, principalmente quando se trata de grandes compras centralizadas nas quais os locais de entrega são bem distantes um dos outros. Geralmente, são realizadas pesquisas de preços por local de entrega como forma de captar de forma mais realística os preços de mercado de cada região.

8 - CONSTRUA DOCUMENTOS DE SUPORTE.

Para entendermos melhor esse tópico, leia o trecho a seguir retirado do art. 3º, inciso VII da Instrução Normativa SEGES-ME 65/2021:

Art. 3º - A pesquisa de preços será materializada em documento que conterá, no mínimo:

...

*VII - memória de cálculo do valor estimado e **documentos que lhe dão suporte.***

Quando você estiver coletando preços para formar o valor de referência, eu sugiro que você salve tudo. Salve e-mail enviado, e-mail de resposta recebido, aviso de leitura, aviso de abertura de e-mail, preços coletados que não serão utilizados, respostas negativas das empresas que não quiseram enviar cotações, telas do Painel de Preços que não serão utilizados, junto com as devidas explicações.

Isso se chama: produzir documentos de suporte.

Quando o mapa de preços estiver sendo montado, diversas afirmações serão feitas, como por exemplo: enviamos solicitação de cotação para fornecedor A e B, mas eles não responderam.

Porém, para dar veracidade a essa afirmação, os e-mails enviados devem ser impressos e anexados ao processo. Em adendo a isso, lembre-se sempre de programar os e-mails com aviso de recebimento e de leitura. Esses avisos também devem ser impressos e anexados ao processo.

Existem objetos que oferecem maior dificuldade no momento de realizar a pesquisa de preços. Você procura no Painel de Preços, pesquisa por atas, envia e-mail para fornecedores e, mesmo com todo esse esforço, não consegue estruturar uma pesquisa de preços e chegar a um preço de referência confiável.

Em situações como essa, a comprovação do seu esforço para estruturar a pesquisa é tão importante quanto a pesquisa em si. Quanto mais difícil for para montar o mapa de preços, mais você precisa gerar documentos de suporte e justificar suas ações na execução desse procedimento.

Na primeira parte desse tópico eu dei mais ênfase na produção de documentos de suporte quando você estiver enfrentando dificuldades para finalizar a pesquisa de preços. Contudo, a verdade é que eles devem ser produzidos mesmo que você encontre facilidades na condução da pesquisa.

Comecei dando enfoque às dificuldades, pois muitos pensam que por não estarem conseguindo montar o mapa de preços não precisam documentar a situação.

O art. 3º da Instrução Normativa SEGES-ME 65/2021 descreve como deve ser materializado a pesquisa de preços. O comando desse artigo utiliza apenas a expressão "documento", contudo, a maioria de nós está acostumado a chamá-lo de mapa de preços.

Esse "mapa" geralmente é uma planilha com os preços coletados e a origem detalhada dos parâmetros utilizados. Dessa forma, sempre que você inserir um preço nesse mapa, lembre-se de anexar aos autos do processo o documento por meio do qual você recebeu aquele preço. Pode ter sido um e-mail ou um ofício de um fornecedor ou o resultado da pesquisa que você fez no Painel de Preços.

Se por acaso ocorrer uma auditoria interna ou externa no seu processo, existe uma grande probabilidade de que esses documentos sejam procurados, como pode ser observado no julgado a seguir:

*No caso de não ser possível obter preços referenciais nos sistemas oficiais para a estimativa de custos em processos licitatórios, deve ser realizada pesquisa de preços contendo o mínimo de três cotações de empresas/fornecedores distintos, **fazendo constar do respectivo processo a documentação comprobatória pertinente aos levantamentos e estudos que fundamentaram o preço estimado.** Caso não seja possível obter esse número de cotações, deve ser elaborada justificativa circunstanciada. Acórdão 2531/2011-Plenário | Relator: JOSÉ JORGE*

Caso todos os documentos gerados durante a pesquisa de preços estejam devidamente arquivados dentro processo, você terá menos apontamentos de auditoria.

Outro detalhe importante é que você precisa criar uma forma de catalogar todos esses documentos. Por isso, antes de começar a pesquisa eu sempre crio a estrutura para organizá-los. Isso me poupa tempo e reduz a probabilidade de cometer erros durante a elaboração da pesquisa.

Essa é a minha forma de catalogar os dados da pesquisa:

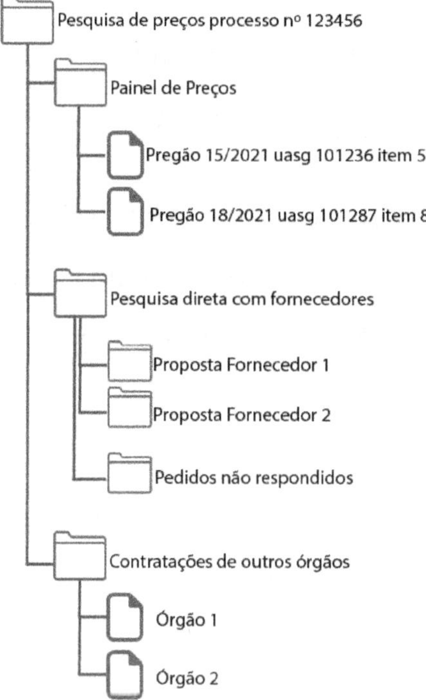

Se você não desenvolver uma forma de organizar os documentos de suporte enquanto coleta os preços, ao final da elaboração da pesquisa é bem provável que você encontre dificuldades para arquivar, de forma organizada, todo os documentos coletados.

Quanto maior a quantidade de itens a serem pesquisados, maior o será o caos, caso não seja utilizada uma forma de organização desses documentos.

9 - CONSTRUIR O DOCUMENTO DE FORMALIZAÇÃO DA PESQUISA DE PREÇOS COM INFORMAÇÕES INCOMPLETAS

Talvez você pense que o que eu vou escrever agora seja algo óbvio e que não precisaria ser dito. Mas caro leito, no começo desse livro eu te disse que essa obra era especial para mim, pois ela foi forjada no calor da batalha.

Então, eu vou tocar nesse assunto porque encontrei muitas pesquisas de preço sem o documento completo.

Já analisei algumas pesquisas nas quais não existiam nem a identificação das empresas, apenas o preço coletado.

Por isso caro colega, o óbvio precisa ser dito.

Observe o que diz o art. 3º da Instrução Normativa SEGES-ME 65/2021:

Art. 3º - A pesquisa de preços será materializada em documento que conterá, no mínimo:

I - descrição do objeto a ser contratado;

II - identificação do(s) agente(s) responsável(is) pela pesquisa ou, se for o caso, da equipe de

planejamento;

III - caracterização das fontes consultadas;

IV - série de preços coletados;

V - método estatístico aplicado para a definição do valor estimado;

VI - justificativas para a metodologia utilizada, em especial para a desconsideração de valores

inconsistentes, inexequíveis ou excessivamente elevados, se aplicável;

VII - memória de cálculo do valor estimado e documentos que lhe dão suporte; e

VIII - justificativa da escolha dos fornecedores, no caso da pesquisa direta de que dispõe o inciso IV do art. 5º.

Observe que o comando da norma impõe a produção de um documento com todas essas informações. Desrespeitar esse trecho significa descaracterizar o principal artefato que materializa a pesquisa de preços.

Ao agir dessa forma, o agente submeterá a si e aos colegas da equipe de planejamento a uma situação de risco.

Entendo, inclusive, que a autoridade competente pode ser induzida a erro, caso esse documento não seja estruturado conforme o regulamento e que, por isso, ela pode determinar o início de um processo para apuração de conduta da equipe que agiu dessa forma.

Além disso, caso a autoridade competente comprove que treinou o agente, isso poderá ser utilizada como forma de agravar uma possível penalidade.

Por fim, agir dessa forma poderá ser considerado erro grosseiro, por flagrante desrespeito à norma, o que pode gerar punições administrativas, civis e criminais.

10 - OS QUANTITATIVOS ORÇADOS ESTÃO DIFERENTES DAQUELES PESQUISADOS NO PAINEL DE PREÇOS OU EM SITES ESPECIALIZADOS.

Mais uma vez tocaremos em um assunto que é central quando se fala em pesquisa de preços: a análise crítica de preços coletados.

Observe que estamos girando em torno desse conceito desde o início desse livro.

Como sabemos, o painel de preços é um dos parâmetros que deve ser priorizado na pesquisa de preços e a sua não utilização deve ser justificada, de acordo com § 1º do art. 5º da Instrução Normativa SEGES-ME 65/2021.

Por isso, geralmente, a nossa primeira atitude ao iniciarmos uma pesquisa de preços é acessar o Painel de Preços.

Dependendo do objeto, como por exemplo papel A4, que é um item muito adquirido, a resposta é rápida e você finaliza a pesquisa do item em poucos minutos.

Contudo, observe a quantidade que foi adquirido naquele item e compare com o quantitativo que você está licitando.

Esta preocupação se deve ao fato de que as quantidades pesquisadas e as que irão ser licitadas precisam ter similaridade, do contrário, é possível que ocorra uma distorção do valor de referência.

Explicando melhor: digamos que você esteja fazendo a pesquisa de preços de um item no qual serão licitadas 1000 unidades.

Quando você inserir os dados no sistema ele vai retornar vários certames com quantitativos diferentes, por exemplo:

Tabela 1 - Leve em consideração que também foi realizada pesquisa direta com fornecedor para compor a cesta de preços.

N°1	Pregão (número hipotético)	Quantidade
1	10/2021	250 unidades
2	25/2021	450 unidades
3	02/2022	890 unidades
4	01/2022	950 unidades
5	Pesquisa com Fornecedor 1*	1000 unidades
6	Pesquisa com Fornecedor 2*	1000 unidades

7	100/2021	1050 unidades
8	55/2021	3500 unidades
9	66/2021	5000 unidades

Lembre-se, você está licitando 1000 unidades. Nesse caso, qual das opções você utilizaria na sua pesquisa de preços?

O ideal é que você utilize quantitativos mais próximos da quantidade que será licitada. Então, em relação ao parâmetro I do art. 5° da Instrução Normativa SEGES-ME 65/2021, a sugestão seria usar os preços 3, 4 e 7 na sua pesquisa preços.

Os outros valores (obtidos conforme o parâmetro I do art. 5° da Instrução Normativa SEGES-ME ES 65/2021) não seriam utilizados, apesar de constarem na sua pesquisa como já falamos no item 8, como comprovação dos preços que você coletou, mas não utilizou, acompanhados da justificativa da não utilização.

Você deve estar se perguntando: Abimael, por que você sugere utilizar os outros valores coletados?

Simples: porque as quantidades licitadas não condizem com a sua realidade. Caso você utilize esses outros valores, estará sujeito a pelo menos dois efeitos negativos, como será explicado a seguir:

Efeito negativo 1 – Utilizar os preços de número 1 e 2.

Você está licitando 1000 unidades, enquanto os preços de número 1 e 2 são originários de licitações com quantidades bem inferiores ao que você pretende licitar.

Como sabemos, em condições normais de mercado, quanto maior a quantidade que você vai comprar maior será o seu poder de barganha. No mundo das licitações nós conhecemos esse efeito como **"economia de escala"**.

No nosso caso, **o valor unitário pago** por cada uma das 250 unidades será maior do que **o valor unitário pago** por cada uma das 1000 unidades.

Dessa forma, ao utilizar uma quantidade bem inferior àquela que você está licitando, você está renunciando a uma vantagem competitiva em favor do órgão que representa.

Além disso, como teoricamente o valor unitário de cada uma das 250 unidades é maior do que o valor unitário de cada uma das 1000 unidades, você está "puxando" o valor de referência da licitação para cima, consequentemente, distanciando-o dos valores de mercado para essa quantidade.

Observe o que diz o art. 23 da Lei 14.133/2021.

*Art. 23 - O valor previamente estimado da contratação deverá ser compatível com os valores praticados pelo mercado, considerados os preços constantes de bancos de dados públicos e as quantidades a serem contratadas, **observadas a potencial economia de escala** e as peculiaridades do local de execução do objeto.*

A Instrução Normativa SEGES-ME 65/2021, também possui comando semelhante:

Art. 4º - Na pesquisa de preços, sempre que possível, deverão ser observadas as condições comerciais praticadas, incluindo prazos e locais de entrega, instalação e montagem do bem ou execução do serviço, quantidade contratada, formas e prazos de pagamento, fretes, garantias exigidas e marcas e modelos, quando for o caso, observadas a potencial economia de escala e as peculiaridades do local de execução do objeto.

Além do artigo transcrito, a expressão "economia de escala" aparece em pelo menos mais 4 trechos da Lei 14.133/2021, para você ter uma ideia da importância desse aspecto.

Entendo também que o agente público, responsável pela pesquisa de preços, ao desconsiderar o potencial gerado pela economia de escala atentará contra um dos princípios basilares da administração pública, o qual está registrado em nossa Constituição Federal e que também está presente na Lei 14.133/2021: o princípio da eficiência.

Outro aspecto a ser levado em consideração é a possibilidade de o preço de referência se mostrar **expressivamente superior aos preços referenciais de mercado, o que pode ser entendido como sobrepreço.**

Além disso, utilizar quantitativo expressivamente inferior àquele que está sendo licitado, para construir preço de referência, a meu ver, pode elevar o valor de referência da licitação, o que poderia levar ao aumento do valor que será pago pela administração pública e, caso esse cenário se concretize, teríamos outro princípio sendo destratado: o da economicidade.

Esse princípio, inclusive, faz parte do rol do art. 5º da Lei 14.133/2021.

Segundo Justen Filho (2021), o *"princípio da economicidade exige a concepção, a implementação e a execução de soluções que propiciem o menor desembolso de recursos para a Administração, assegurada a obtenção da finalidade pretendida. A Economicidade implica a vedação ao desperdício de recursos, a gastos superiores aos necessários e à perda de benefícios, por exemplo, viola o princípio da economicidade o pagamento de preço superior ao praticado no mercado para produtos equivalentes em identidade de condições."*

A pergunta que fica agora é: Abimael, então qual seria um quantitativo a ser utilizado que não atentaria contra o postulado da economia de escala?

Caro leitor, não existe resposta pronta para essa pergunta. Em situações como essa, é preciso valer-se do princípio da razoabilidade que, inclusive, consta no art. 5º da Lei 14.133/2021.

Eu sei que existe certa dificuldade de julgar nossas ações com base no princípio da razoabilidade devido a carga de abstração existente nesse conceito.

Então, para nos ajudar a materializar uma conduta orientada pela razoabilidade, vamos nos valer dos ensinos do professor Justen Filho.

Esse importante doutrinador nos ensina que *"o princípio da Razoabilidade impõe a vedação a decisões e a soluções que infrinjam a lógica, a experiência e a necessidade, de modo a produzir resultados destituídos de utilidade"* (Justen Filho, 2021, pág. 145).

Ele afirma ainda que *"por decorrência, admite-se que a validade da decisão administrativa seja reconhecida quando dotada de uma dose satisfatória de racionalidade"* (Justen Filho, 2021, pág. 146).

Ora, não parece razoável, em condições normais de mercado, comparar o preço unitário de um conjunto de 250 unidades com o preço unitário dentro de um conjunto 1000 unidades de um mesmo produto, vendido sob as mesmas condições comerciais.

Mas qual seria a quantidade considerada razoável?

A resposta dessa pergunta depende do caso concreto, de como o mercado do produto que se pretende contratar está estruturado, aliado à experiência prática da equipe responsável pela execução dessa atividade.

Uma forma de aumentar a segurança desse processo é compartilhar o resultado da pesquisa de preços com outros membros da equipe de planejamento ou equipe de compras do órgão para ver qual a percepção dos outros membros da equipe sobre os preços coletados.

Efeito negativo 2 – utilizar os preços 8 e 9

Utilizar os preços 8 e 9 ocasionaria, em teoria, um efeito contrário ao explicado a pouco, por um motivo bem simples: o valor unitário pago por cada uma das 5000 unidades de um produto não é igual ao valor unitário pago por cada uma das 1000 unidades do mesmo produto, nas mesmas condições comerciais.

Em condições normais de mercado, o valor unitário pago por cada uma das 5000 unidades de um produto é menor do que valor unitário pago por cada uma das 1000 unidades.

Dessa forma, se você utiliza na pesquisa de preços o valor correspondente a 5000 unidades para montar o preço de referência em uma licitação para 1000 unidades, existe uma grande probabilidade de que essa pesquisa de preços **tome o rumo da inexequibilidade**.

Ao contrário do efeito nº 1, no qual os valores utilizados "puxavam" o valor de referência para cima, nesse caso, os valores unitários pagos por cada uma das 3500 e 5000 unidades possuem o poder de "jogar" o preço para abaixo dos valores de mercado.

Esse também é um efeito danoso para a administração pública, pois aumentam as chances de que o certame reste deserto ou fracassado.

Quando isso ocorre, também estamos diante de um flagrante atentado contra o princípio da eficiência, pois todo processo licitatório consome recursos organizacionais, seja em horas-homem, tempo, impressões, entre outros.

Para Santana (2021, p. 125) "A inexequibilidade do preço gera uma contratação ineficiente, porque a empresa não consegue cumprir suas obrigações da forma como prevista, seja por má qualidade, seja por atrasos ou por qualquer outra forma decorrente do valor muito baixo."

Outro efeito nefasto de licitações desertas ou fracassadas é o retrabalho.

O retrabalho é um monstro devorador de recursos organizacionais. Dessa forma, a licitação que foi fracassada inevitavelmente deverá ser relançada, porém, quando o calendário de licitações foi elaborado, não foi contabilizada a quantidade de certames que seriam relançados e, como sabemos, a máquina de aquisição tem uma capacidade limite de processamento.

Mas calma, ainda temos mais problemas.

O setor requisitante estava ansioso para receber um item que não chegou no tempo programado. O estoque já estará perto de acabar o que levará a pelo menos 3 situações:

1 – Primeiro tenta-se fazer uma adesão para dar tempo relançar o certame e gerar um fornecedor para esse item.

2 – Após procurar por adesões e não encontrar, no auge do desespero, o gestor opta por fazer uma dispensa emergencial, caso o item seja indispensável para o atendimento ao público.

3 – Contudo, se o produto não é indispensável para o funcionamento do órgão nem uma das ações acima serão executadas e por isso vai ocorrer ruptura no fornecimento, até que novo fornecedor seja contratado.

Todas essas três situações podem gerar repercussões nos órgãos de controle e podem levar o gestor a situações complicadas, do ponto de vista da segurança jurídica.

Ainda nesse sentido, o inc. III do art. 11 da Lei 14.133/2021 é claro ao afirmar que um dos objetivos do processo licitatório é evitar preços manifestamente inexequíveis.

Se isso ocorrer, teremos pelo menos duas situações práticas como consequência:

1 – A empresa ganha o direito de fornecer o item, contudo, na primeira ordem de fornecimento ela avisa que quer trocar de marca ou alega que se faz necessário restabelecer o equilíbrio econômico-financeiro da avença.

Muitas vezes, quando o órgão não compactua com esse tipo de manobra, o fornecedor simplesmente não entrega mais o produto.

2 – A empresa até inicia o fornecimento do item, mas à medida que o tempo passa o valor pago pelo item se deteriora mais rápido do que o normal, chegando rapidamente a uma condição de prejuízo, o que fatalmente levará a primeira situação.

Em ambas as situações o gestor terá que iniciar um processo para apurar a conduta do fornecedor, o que aumentará o consumo da escassa energia institucional.

Aqui mais uma vez impera o bom senso no momento de escolher quais certames serão utilizados para compor o valor de referência do seu processo licitatório.

Por fim, é preciso esclarecer que existem vários fatores que são levados em consideração pelas empresas no momento de dar um lance em um pregão ou de enviar uma cotação. Entre esses fatores está a quantidade a ser adquirida, mas isso não é a única informação que molda um preço final ofertado. Informações como local e prazo de entrega, quantidade por pedido, entre outros aspectos também interferem na formação do preço.

Por esse motivo, é possível que você encontre certames com grandes quantidades, mas com preços bem maiores, quando comparados com outros certames com quantidades menores de um mesmo item.

Isso ocorre porque a definição do preço é impactada por diversos elementos, subjetivos e objetivos, o que o torna um produto complexo (Camelo, Nóbrega e Torres, 2022, pág. 146).

Por isso, é indispensável que você desenvolva consciência situacional em relação aos fatores que impactam na formação do preço daquele item que você está tentando comprar.

11 - LEVE EM CONSIDERAÇÃO O RISCO, OS CRITÉRIOS DE SUSTENTABILIDADE E AS EXIGÊNCIAS DE ASSISTÊNCIA TÉCNICA NO VALOR ESTIMADO DA CONTRATAÇÃO.

Antes de começar a discorrer sobre o item 11, eu preciso te dizer três informações sobre ele.

Primeiro, é que esse será um dos maiores capítulos desse livro.

Segundo a conversa que teremos agora será construída a partir de situações práticas que já vivi, mas também de conjecturas que eu fiz ao estudar a nova lei de licitações e a Instrução Normativa SEGES-ME 65/2021.

Por esse motivo, quero deixar claro que a minha intenção com esse item é fomentar a discussão em torno de alguns problemas que podem ocorrer no momento de elaborar a pesquisa de preços de alguns objetos.

Em terceiro lugar, eu preciso te dizer que esse vai ser o capítulo mais técnico e para alguns o mais chato de ler e entender.

Contudo, se você for como eu que gosta de logística pública, esse capítulo será especial para ler, assim como foi para mim escrevê-lo.

Esse capítulo de número 11 vai nos por diante de situações mais desafiadoras. Mas a boa notícia é que não será um problema na maioria dos certames, exceto se você trabalhar com obras e serviços de engenharia ou com contratações mais complexas.

Vamos começar falando sobre o risco. Para isso, peço que leia o trecho a seguir retirado do art. 103 § 3º da Lei 14.133/2021:

Art. 103 - O contrato poderá identificar os riscos contratuais previstos e presumíveis e prever matriz de alocação de riscos, alocando-os entre contratante e contratado, mediante indicação daqueles a serem assumidos pelo setor público ou pelo setor privado ou daqueles a serem compartilhados.

§ 3º - A alocação dos riscos contratuais será quantificada para fins de projeção dos reflexos de seus custos no valor estimado da contratação.

O art. 4º, parágrafo único da Instrução Normativa SEGES-ME 65/2021 nos fornece uma informação importante sobre essa questão:

Parágrafo único - No caso de previsão de matriz de alocação de riscos entre o contratante e o contratado, o cálculo do valor estimado da contratação poderá considerar taxa de risco compatível com o objeto da licitação e os riscos atribuídos ao contratado, de acordo com a metodologia estabelecida no Caderno de Logística, elaborado pela Secretaria de Gestão da Secretaria Especial de Desburocratização, Gestão e Governo Digital do Ministério da Economia.

Como é possível observar, tanto a Lei 14.133/2021, quanto a norma infralegal, preocuparam-se em deixar claro que o risco deve ser levado em consideração no momento da pesquisa de preços.

Esse fenômeno ocorre devido a uma questão de mercado que é bem simples de entender: quando você transfere o risco, você também está transferindo os custos para fazer frente a esse risco.

Eu já trabalho com matriz de risco desde o ano de 2016, quando surgiu a Lei 13.303/2016, também conhecida como Lei das Estatais.

A matriz de riscos clausula contratual é utilizada na Lei n° 13.303/2016 nas contratações para obras e serviços de engenharia.

Existe uma discussão doutrinária sobre a possibilidade de utilização desse dispositivo para outros contratos, que não apenas obras e serviços de engenharia. Mas isso não vem ao caso no momento.

O que eu preciso que você entenda é que o problema que eu vou te explicar agora é mais fácil de ocorrer na utilização da Lei 14.133/2021.

Ao analisar como a matriz de risco foi inserida na nova lei de licitações e ao ver os comandos referentes à pesquisa de preços, eu identifiquei uma possível dificuldade que poderá ocorrer no momento da pesquisa de preços.

Por isso eu estou entrando no campo da teoria, do que pode ocorrer em uma situação bem específica, qual seja: a pesquisa de preços feita nos bancos de preços oficiais do governo, como o painel de preços, para as aquisições e contratações nas quais seja necessário utilizar a matriz de risco como cláusula contratual.

Para você entender melhor o que quero lhe dizer, imagine comigo a seguinte situação:

Digamos que um hospital licite a aquisição de um equipamento de raio-X, o qual é indispensável para o atendimento ao público. No certame o hospital informa que o equipamento deve possuir garantia total de 5 anos e que se esse equipamento parar de funcionar a empresa deverá restabelecer o funcionamento do mesmo em até duas horas úteis, ou disponibilizar um equipamento reserva, até que o conserto seja finalizado.

Caro leitor, a partir do cenário explicitado você consegue perceber o risco que esse objeto trás para a empresa que vender esse equipamento?

É lógico que nesse caso as empresas que participarem do certame irão aumentar o valor das suas propostas devido ao risco de passar 5 anos responsáveis por esse equipamento. Além disso, o custo de recuperar um equipamento como esse em duas horas não deve ser desprezado.

Por esse motivo, no momento da pesquisa de preços as empresas deverão levar isso em consideração, do contrário, o certame terá grandes chances de ser fracassado, deserto ou a futura aquisição será considerada inexequível.

Justen Filho (2021) explica que *a recusa da administração em reconhecer os efeitos da transferência de riscos para o particular possibilitará um de dois resultados, ambos igualmente indesejáveis. Uma possibilidade será a ausência de comparecimento de licitantes para disputar um contrato economicamente inviável.*

A outra reside no recebimento de propostas destituídas de fundamento econômico em que a remuneração será insuficiente para satisfazer os custos e que resultará em contratos rompidos ou mal executados.

Esse tipo de situação apresenta ainda outro desafio para o gestor público. Para que você entenda o problema, vamos ler o art. 5º da Instrução Normativa SEGES-ME 65/2021:

Art. 5º - A pesquisa de preços para fins de determinação do preço estimado em processo licitatório para a aquisição de bens e contratação de serviços em geral será realizada mediante a utilização dos seguintes parâmetros, empregados de forma combinada ou não:

I - composição de custos unitários menores ou iguais à mediana do item correspondente nos sistemas oficiais de governo, como Painel de Preços ou banco de preços em saúde, observado o índice de atualização de preços correspondente;

II - contratações similares feitas pela Administração Pública, em execução ou concluídas no período de 1 (um) ano anterior à data da pesquisa de preços, inclusive mediante sistema de registro de preços, observado o índice de atualização de preços correspondente;

III - dados de pesquisa publicada em mídia especializada, de tabela de referência formalmente aprovada pelo Poder Executivo federal e de sítios eletrônicos especializados ou de domínio amplo, desde que atualizados no momento da pesquisa e compreendidos no intervalo de até 6 (seis) meses de antecedência da data de divulgação do edital, contendo a data e a hora de acesso;

IV - pesquisa direta com, no mínimo, 3 (três) fornecedores, mediante solicitação formal de cotação, por meio de ofício ou e-mail, desde que seja apresentada justificativa da escolha desses fornecedores e que não tenham sido obtidos os orçamentos com mais de 6 (seis) meses de antecedência da data de divulgação do edital; ou

V - pesquisa na base nacional de notas fiscais eletrônicas, desde que a data das notas fiscais esteja compreendida no período de até 1 (um) ano anterior à data de divulgação do edital, conforme disposto no Caderno de Logística, elaborado pela Secretaria de Gestão da Secretaria Especial de Desburocratização, Gestão e Governo Digital do Ministério da Economia.

§ 1º - Deverão ser priorizados os parâmetros estabelecidos nos incisos I e II, devendo, em caso de impossibilidade, apresentar justificativa nos autos.

Agora preste atenção no § 1º. Ele diz que na pesquisa de preços devem ser priorizados os itens I e II. Isso significa que se você possui um objeto com o nível de especificidade que eu acabei de trazer nesse exemplo, não vai ser fácil encontrá-lo nos sistemas oficiais que armazenam as licitações já realizadas.

Mas você teria que, obrigatoriamente, dar preferência a esses sistemas, pois são os parâmetros privilegiados pela norma.

Após não encontrar o que está procurando é que iria utilizar os outros parâmetros a sua disposição.

Ao conjecturar esse cenário eu me pergunto:

Seria essa a opção mais eficiente para chegarmos ao melhor preço, em situações como essa?

Talvez, em casos como esse, nos quais o objeto possui características não tão comuns nas licitações, mas que podem ser objetivamente definidas pelo mercado e que, por isso, cabe a utilização do critério de julgamento "menor preço" ou "maior desconto", o Gestor tenha que utilizar a última parte do § 1º e justificar a pesquisa de preços direta com fornecedores.

Isso se deve ao fato de que o agente público responsável pela elaboração da pesquisa de preços até vai achar vários equipamentos de raio X licitados no Painel de Preços ou no PNCP, contudo, achar um que tenha 5 anos de garantia total, com a exigência de que ele seja consertado em no máximo duas horas após detectado o defeito ou que a empresa disponibilize outro enquanto o principal é consertado, não vai ser tarefa fácil.

Você pode até achar que casos como esse são raros, mas posso te assegurar que não são. Eu mesmo já passei por situações semelhantes.

Caro leito, peço que você se atente ao conceito que estou trazendo aqui.

Estou nesse momento tratando de objetos que sejam usualmente definidos pelo mercado, mas que devido as características de entrega ou de prestação do serviço, sejam impactados por fatores de risco que o agente responsável pela elaboração da pesquisa de preços não possui capacidade de mensurar o impacto desse fator no valor final do produto. Apenas o vendedor possui essa informação.

Estamos diante de um caso claro de assimetria de informações. Nesse caso, apenas as empresas que vendem esse produto possuem esse tipo de informação com clareza. Você pode dizer: mais Abimael, é só ir baixando os editais, um por um para ver se acha um objeto com essas características.

De fato, é uma tarefa possível e que pode dar certo. Porém, para que esse preço coletado nos bancos de preços públicos possa ser utilizado, faz-se necessário uma alta comunalidade entre os dois, para que exista razoável nível de certeza de que os mesmos fatores de risco existentes no seu processo de aquisição estejam presentes no certame utilizado na pesquisa de preços de forma compatível com o risco do objeto que será licitado.

Essa não parece ser uma tarefa fácil. Além disso, também não parece ser uma forma de trabalho eficiente.

Ainda assim, o risco de não se conseguir reproduzir a realidade da época na qual a pesquisa de preços que gerou a contratação que você vai utilizar para a sua pesquisa de preços, é muito grande. Deixa-me explicar melhor:

Digamos que um órgão A, licitou um objeto com alto risco. Naquelas circunstâncias a pesquisa de preços com fornecedores demonstrou um valor condizente com os valores de mercado, já contando com o risco que foi devidamente mencionado pelo agente que fez a pesquisa de preços.

As empresas que participaram da pesquisa de preços enviaram propostas levando em consideração o risco mencionado pelo agente.

Quando o edital foi publicado, as empresas que participaram do certame também levaram em consideração os riscos informados no edital e cadastraram suas propostas levando em consideração os riscos identificados de modo a não incorrer em prejuízos, caso o evento de risco se concretizasse.

Observe que tudo ocorreu perfeitamente bem.

Agora o órgão B está licitando o mesmo objeto, com as mesmas características de risco. Na hora da pesquisa de preços o agente do órgão B encontra a licitação do órgão A.

Eu pergunto: é possível a utilização da licitação feita pelo órgão A, na pesquisa de preços do órgão B?

A resposta é um sonoro **"depende"**. Depende principalmente do contexto.

Para ficar mais fácil de entender, imagine que a licitação feita pelo órgão A, foi um equipamento de raio X com as mesmas características de risco que eu informei no objeto acima e que a licitação ocorreu em setembro de 2019.

Imagine também que a licitação feita pelo órgão B foi também um equipamento de raio X, com as mesmas características de risco. Contudo, essa licitação ocorreu em julho de 2020.

Caro leito, eu lhe conclamo a fazer uma análise crítica desse preço coletado. Responda-me: o contexto mercadológico de setembro de 2019 é o mesmo de julho de 2020?

Todos nós sabemos que não. Por isso, o agente público responsável por fazer uma pesquisa de preços como essa precisa ter um alto nível de **consciência situacional.**

Eu entendo, inclusive, que é de situações como essa que a parte final do caput do art. 18 da Lei 14.133/2021 trata, quando fala que na *fase preparatória deverão ser abordadas todas as considerações técnicas, mercadológicas e de gestão que podem interferir na contratação.*

Em julho de 2020 estávamos no auge da pandemia, com os insumos e equipamentos hospitalares com preços nas alturas e o dólar, que possui grande influência sobre equipamentos hospitalares, estava em patamares bem diferentes de 2019.

Ou seja, apesar das características do objeto serem exatamente as mesmas, o contexto não é o mesmo. E o contexto é o primeiro fator a ser analisado para se identificar o risco.

Após analisar esse contexto eu sinceramente me sinto tendencioso a acreditar que, em situações como essa, apenas a pesquisa direta com fornecedores é o parâmetro com maior chance de materializar um preço capaz de reproduzir os riscos do momento.

Apesar de me sentir tentado a concluir que essa é a melhor saída para o caso, ainda temos um problema: é que o comando legal nos informa que devemos buscar **o melhor preço,** como está escrito art. 23 da Lei nº 14.133/2021 reproduzido a seguir:

Art. 23 - O valor previamente estimado da contratação deverá ser compatível com os valores praticados pelo mercado, considerados os preços constantes de bancos de dados públicos e as quantidades a serem contratadas, observadas a potencial economia de escala e as peculiaridades do local de execução do objeto.

§ 1º - No processo licitatório para aquisição de bens e contratação de serviços em geral, conforme regulamento, o valor estimado será definido com base no melhor preço aferido por meio da utilização dos seguintes parâmetros, adotados de forma combinada ou não.

Ou seja, só porque a pesquisa com os fornecedores foi a única capaz de embutir o fator "risco" no preço estimado, não significa que esse seja o **melhor preço.**

Digo isso porque os fornecedores podem ter "colocado uma gordura" no preço informado, para aumentar as chances de obter uma margem maior de lucro no momento da fase de lances.

Dessa forma, mais uma vez fica patente a existência de uma grande **assimetria de informações** entre administração pública e o mercado.

Existe ainda uma informação importante nesse tópico. É que o art. 4º, parágrafo único da Instrução Normativa SEGES-ME 65/2021 nos traz uma informação importante como veremos a seguir:

Parágrafo único. No caso de previsão de matriz de alocação de riscos entre o contratante e o contratado, o cálculo do valor estimado da contratação poderá considerar taxa de risco compatível com o objeto da licitação e os riscos atribuídos ao contratado, de acordo com a metodologia estabelecida no Caderno de Logística, elaborado pela Secretaria de Gestão da Secretaria Especial de Desburocratização, Gestão e Governo Digital do Ministério da Economia.

Observe que o texto destacado revela a necessidade de uma norma específica para disciplinar como ocorrerá a quantificação do risco no cálculo do valor estimado da contratação.

Até que isso aconteça, caso você precise utilizar matriz de risco em suas contratações, discuta com o seu Setor Jurídico, controle interno e auditoria, uma forma de fazer a pesquisa de preços que não traga insegurança jurídica para os envolvidos, mas que não deixe de contemplar o risco envolvido no processo.

Antes que você me pergunte se eu teria alguma ideia para te dar que poderia ser utilizado em casos como esse, eu já te informo que sim. Eu tenho uma sugestão de como agir em casos como esse.

Contudo, peço que você tenha um pouco de paciência porque esse capítulo ainda comporta mais dois aspectos que são parecidos com a questão do risco: os critérios e práticas de sustentabilidade e as exigências de assistência técnica.

Vamos continuar nossa conversar falando sobre a questão da assistência técnica e depois falaremos sobre um erro que pode ser ocasionado pela existência de critérios de sustentabilidade no seu processo licitatório.

Para que você entenda melhor o que vou te explicar, peço leia com atenção o trecho a seguir retirado da Lei 14.133/2021:

Art. 40 - O planejamento de compras deverá considerar a expectativa de consumo anual e observar o seguinte:

...

§ 1º - O termo de referência deverá conter os elementos previstos no inciso XXIII do caput do art. 6º desta Lei, além das seguintes informações:

...

III - especificação da garantia exigida e das condições de manutenção e assistência técnica, quando for o caso.

...

§ 4º - Em relação à informação de que trata o inciso III do § 1º deste artigo, **desde que fundamentada em estudo técnico preliminar, a Administração poderá exigir que os serviços de manutenção e assistência técnica sejam prestados mediante deslocamento de técnico ou disponibilizados em unidade de prestação de serviços localizada em distância compatível com suas necessidades.**

Caro leitor, desde o começo da nossa jornada, quando você leu a introdução desse livro, que tenho sido sincero com você e não seria gora que eu agiria de outra forma.

Por isso, antes de iniciar a minha argumentação em relação a esse tópico, queria te dizer que os próximos parágrafos talvez sejam um pouco repetitivos.

Mas isso tem uma finalidade: eu estou querendo te fazer notar um padrão de tipo de objeto que poderá causar mais dificuldades na pesquisa de preços devido a assimetria de informação que existe entre você e o mercado.

Dito isso, continuemos a nossa jornada.

Nós acabamos de ler uma parte do art. 40 da Lei 14.133/2021, mas eu quero focar em um trecho específico, qual seja, o § 4º desse artigo.

Observe que a lei permite que você especifique condições de manutenção e assistência técnica, assim como fizemos no nosso exemplo acima no qual especificamos as condições de manutenção do nosso aparelho de raio X, lembra?

Pois bem, o § 4º vai além disso e deixa esse assunto ainda mais interessante, já que é possível **exigir que os serviços de manutenção e assistência técnica sejam prestados mediante deslocamento de técnico ou disponibilizados em unidade de prestação de serviços localizada em distância compatível com suas necessidades.**

Temos ainda o inciso VII do § 1º, do art. 18 da Lei 14.133/2021, que diz:

*VII - descrição da solução como um todo, inclusive das **exigências relacionadas à manutenção e à assistência técnica, quando for o caso;***

Na prática, isso quer dizer o seguinte: aquele nosso aparelho de raio X, que estamos tentando comprar, fica em um hospital a 20 quilômetros da sede do município e mesmo nesse caso poderemos exigir que a empresa faça a manutenção corretiva e preventiva desse equipamento.

Agora pense comigo, essa informação causa impacto ou não no valor desse equipamento?

Mas calma, segure a resposta dessa pergunta por um instante porque eu tenho outra pergunta para lhe fazer, aí você aproveita e responde as duas de uma vez.

Imagine agora que você trabalha na secretaria de saúde do seu município, o qual possui 5 hospitais e você recebeu a incumbência de comprar equipamentos de raio X para os 5 hospitais.

Cada um desses hospitais estão em bairros diferentes e distante em média 15 quilômetros do centro da cidade. Por meio do estudo técnico preliminar você chegou à conclusão de que a melhor opção é comprar o equipamento, em vez de alugar.

Concluiu ainda que é mais vantajoso exigir que os serviços de manutenção e assistência técnica sejam prestados **mediante deslocamento de técnico nos hospitais nos quais os equipamentos serão instalados.**

Antes que você diga, mas Abimael o regime de execução que você acabou de descrever chama-se **fornecimento e prestação de serviço associado** e é direcionado para obras e serviços de engenharia.

Olha eu não queria tocar nesse assunto, mas já que você falou, eu quero te dizer que eu entendo que esse regime de execução também pode ser usado para outros objetos, que não apenas bens e serviços de engenharia.
Mas esse assunto vai ficar para outra hora. Voltemos ao nosso exemplo.

Pronto, com esse cenário em mente, me responda: essa configuração de compra de equipamentos de raio X, mais a exigência de manutenção e assistência técnica direto nos hospitais, causa ou não um impacto significativo no valor dos equipamentos?
Isso deve ser levado em consideração na sua pesquisa de preços?

A meu ver, sim. Se esse aspecto não influenciar no valor de referência da licitação, existe uma grande probabilidade de que o certame seja fracassado ou que seja gerado uma contratação inexequível.

Vamos agora para o último tópico desse capítulo, qual seja, a questão dos critérios de sustentabilidade.

Mas antes vamos ler mais dois trechos da Lei 14.133/2021, dessa vez, os artigos 41 e 42, que dizem:

Art. 41 *- No caso de licitação que envolva o fornecimento de bens, a Administração poderá excepcionalmente:*

I - Indicar uma ou mais marcas ou modelos, desde que formalmente justificado, nas seguintes hipóteses:

a) em decorrência da necessidade de padronização do objeto;

b) em decorrência da necessidade de manter a compatibilidade com plataformas e padrões já adotados pela Administração;

c) quando determinada marca ou modelo comercializados por mais de um fornecedor forem os únicos capazes de atender às necessidades do contratante;

d) quando a descrição do objeto a ser licitado puder ser mais bem compreendida pela

identificação de determinada marca ou determinado modelo aptos a servir apenas como referência;

Art. 42 - *A prova de qualidade de produto apresentado pelos proponentes como similar ao das marcas eventualmente indicadas no edital será admitida por qualquer um dos seguintes meios:*

*III - certificação, certificado, laudo laboratorial ou documento similar que possibilite a aferição da qualidade e da conformidade do produto ou do processo de fabricação, **inclusive sob o aspecto ambiental**, emitido por instituição oficial competente ou por entidade credenciada.*

A interpretação que eu faço desses dois trechos da lei é a seguinte:

1 – Você poderá excepcionalmente indicar uma marca ou modelo de um produto em algumas situações, desde que justificado.

Vamos utilizar como exemplo uma das situações mais comuns na minha vida profissional, que é a letra *d, do inciso I do art. 41.*

A maioria de nós aprendeu essa técnica no Manual de Licitações e Contratos do TCU.

Se quiser pode acessar a 4° edição apontando a câmera do celular para esse código QR.

O trecho que ensina essa técnica está na página 219 e diz assim:

Será admitida a indicação de marca como parâmetro de qualidade para facilitar a descrição do objeto a ser licitado, quando seguida das expressões "ou equivalente", "ou similar" e "ou de melhor qualidade".

Pois bem, como você pode ver a nova lei de licitações nos oferece essa possibilidade e com um detalhe especial.

No caso é possível exigir certificação, certificado, laudo laboratorial ou documento similar que possibilite a aferição da qualidade e da conformidade do produto ou do processo de fabricação, **inclusive sob o aspecto ambiental,** emitido por instituição oficial competente ou por entidade credenciada para comprovar que a marca ou modelo apresentado pelos proponentes como sendo similar ao das marcas eventualmente indicadas no edital, possuem, de fato, as características exigidas.

Bom, deixa eu te explicar de outra forma. Para isso vamos voltar ao nosso equipamento de raio X.

Digamos que você esteja trabalhando na elaboração do estudo técnico preliminar e chegou a hora de descrever critérios e práticas de sustentabilidade.
Então você acessa o Guia Nacional de Contratações Sustentáveis da Advocacia Geral da União – AGU.

Você identificou que uma das práticas de sustentabilidade que existem nesse decreto e no guia é adquirir equipamentos com menor consumo de energia.

Então, de forma justificada, você especifica o desempenho desse equipamento em relação ao consumo de energia. Vamos utilizar como exemplo o consumo de 10KVA por mês.

O seu próximo movimento vai ser fazer uma pesquisa de mercado para ver se existe equipamentos que podem atender a esse critério ambiental.

A sua pesquisa demonstrou que existem pelo menos 5 empresas capazes de fornecer o produto.

Em resumo, você atendeu a um critério de sustentabilidade, sem desconsiderar a competitividade.

Como forma de caracterizar melhor o objeto, você indica um modelo para ser usado como padrão de qualidade.

Para que esse padrão de qualidade seja comprovado, você exige que o licitante apresente um laudo laboratorial como forma de comprovar que o equipamento consome no máximo 10KVA por mês.

Caro leitor, eu contei toda essa história para servir como fundamento da nossa discussão.

Então pense comigo: esse laudo laboratorial que você vai pedir para a empresa apresentar tem um custo para ela? Claro que tem. Você pode até alegar que o custo é só uma vez e que depois ela vai continuar apresentado o mesmo laudo.

É verdade, mas tem um custo. E alguém vai ser o primeiro a pagar por esse laudo, ainda que ao longo do tempo esse custo seja diluído.

Pois bem, mais uma vez estamos diante de uma situação desafiadora para a pesquisa de preços. Entendo que procurar esse tipo de contratação nos bancos de preços do governo não é uma tarefa das mais fáceis e eficientes.

Talvez um dia os bancos de dados do governo evoluam para nos mostrar esse tipo de informação, mas atualmente, se você quiser chegar ao valor de referência com critérios e práticas de sustentabilidade, o Painel de Preços não parece ser a solução mais eficiente.

Não conheço hoje no mercado nem uma ferramenta pública ou privada capaz de levar em consideração as informações que acabamos de analisar no momento de fazer a pesquisa de preços.

Não vejo como filtrar no Painel de Preços o risco, os critérios e práticas de sustentabilidade ou a inserir a questão da manutenção e assistência técnica.

Então, a meu ver, existem dois parâmetros capazes de prover insumos para a formatação de um valor de referência mais realístico, ou pelo menos mais longe da inexequibilidade: o inciso III e o IV do art. 5º da Instrução Normativa SEGES-ME 65/2021.

Você pode estar pensando: Mas Abimael, porque não é possível utilizar o inciso II, contratações feitas por outros órgãos e o V, pesquisa na base nacional de notas fiscais eletrônicas?

Simples caro leitor, pelo mesmo motivo da não utilização dos parâmetros I e II. Você terá que garimpar.

Uma estratégia válida seria fazer uma pesquisa inicial no Painel de Preços e utilizar o resultado dessa pesquisa como insumo para a segunda fase: baixar edital por edital e tentar encontrar algum objeto parecido com o seu.

Mais uma vez repito: essa estratégia não me parece eficiente e nem é possível afirmar que, ao final do dia, depois de pesquisar diversos editais você vai achar um que contenha um objeto parecido com seu.

Ainda que você ache objetos que exijam a manutenção e assistência técnica remota e que também possuam critérios e práticas de sustentabilidade parecidos com o seu objeto, como você irá quantificar o risco? Além disso, os locais de prestação do serviço terão características diferentes, como distância e disponibilidade de modais logísticos.

Entendo, inclusive, que até mesmo o parâmetro disponível no inciso III não seja fonte de informações para quantificar o risco. Nesse caso, a meu ver, apenas a pesquisa direta com fornecedores poderia ser utilizada com um razoável nível de eficiência.

Bom, mas eu já te falei que utilizar a pesquisa direta com fornecedores seria a forma mais indicada para quantificar os riscos, os critérios de sustentabilidade e a questão da assistência técnica.

Eu já te falei também que esse parâmetro só nos dá razoável nível de certeza de que estaríamos, em teoria, nos afastando da inexequibilidade e, consequentemente, se todos os malefícios que essa situação ocasiona, como certames desertos ou fracassados, abandono de contrato, entre outros. Contudo, ainda temos o outro lado da moeda, qual seja, o risco do sobrepreço.

Esse risco ocorre devido a bendita da assimetria de informações que já conversamos um pouco sobre ela.

Agora chegou a hora de nos aprofundarmos mais nesse assunto, pois precisaremos resolver, ou pelo menos reduzir o impacto, da assimetria de informações.

Primeiro precisamos entender o que é assimetria de informações e o que causa esse fenômeno para então tentarmos achar uma forma de reduzir os efeitos em nossas pesquisas de preços.

De forma bem simples, assimetria de informação significa uma diferença na quantidade de informação que uma pessoa tem sobre um assunto, quando comparada com outra pessoa.

Eu sei, não ficou muito legal essa explicação. Por isso peço mais uma chance para que eu possa te explicar melhor esse conceito.

Então acompanhe comigo esse exemplo: digamos que você queira comprar um carro usado e por isso começa a procurar anúncios na internet e a visitar lojas de veículos na sua cidade.

Depois de muito pesquisar você não consegue se sentir seguro para fechar negócio com ninguém. Nem com uma loja e nem com um particular. Quando isso acontece, geralmente, é porque você tem receio de que aqueles carros que te ofereceram possam te gerar um prejuízo.

Você pensa: será que o motor está funcionando bem? E o câmbio, será que está em boas condições? Será que esse carro não já foi batido?

Todas essas questões te deixam com medo de que alguém te engane, afinal de contas não foi fácil conseguir seu suado dinheirinho.

Mas o pior não é o fato de que você não sabe essas respostas. O pior é que o dono do carro ou o lojista sabe de todos os problemas que o carro tem. O dono conhece todos os problemas do carro e você. A essa diferença de informações nós chamamos de "assimetria de informação".

Uma pessoa tem mais conhecimento do assunto do que a outra e por isso aquela que tem menos informações está em desvantagem em relação a outra.

Esse exemplo que eu acabei de usar não é da minha autoria. Na verdade, ele foi adaptado de um dos melhores artigo que já li sobre esse assunto, de autoria dos professores Marcos Nóbrega e Diego Franco de Araújo Jurubeba.

O nome do artigo é ***Assimetrias de Informação na Nova Lei de Licitações e o Problema da Seleção Adversa*** e você pode acessá-lo por meio deste código QR.

Os professores afirmam que *"Para responder a essas questões, Akerlof recorre à teoria da agência (agente-principal) para asseverar que, no mercado de carros usados, existe uma assimetria de informações a respeito da qualidade dos veículos. No mundo real, o vendedor possui mais informações sobre a qualidade do carro a ser vendido do que os possíveis compradores. Por conseguinte, o comprador do carro sempre terá boas razões para suspeitar do motivo pelo qual o vendedor deseja se desfazer do bem, de modo que ele irá avaliá-lo como sendo de qualidade duvidosa."*

Agora imagine que o Administração Pública quando vai comprar produtos ou contratar serviços está na mesma situação que você. Ou seja, a administração pública possui menos informação do que o mercado e por isso está em uma situação de desvantagem.

Os professores ainda afirmam que *"A licitação é um mecanismo de revelação de informações.*

Ela existe porque há dificuldades de transmissão de informações entre os governantes e os particulares que poderiam ser contratados para suprir as necessidades do Estado.

Do contrário, se as informações fossem livres, perfeitas e gratuitas, não haveria necessidade de certame licitatório, bastaria ao gestor público contratar diretamente o particular que melhor atendesse aos seus critérios de escolha.

No mundo real, porém, sempre haverá uma assimetria entre o governo e os licitantes, de modo que a licitação é o mecanismo que o gestor lança mão para captar informações dos possíveis contratados e, só então, elencá-los de acordo com aqueles critérios de escolha.

*O **ponto central da discussão de licitação, portanto, é a questão da informação, ou melhor, de como atenuar a sua imperfeição**. A maioria das falhas em procedimentos licitatórios provoca ineficiências e má alocação de recursos. Infelizmente todos os defeitos são colocados na conta da má qualidade da gestão pública ou da corrupção de gestores e de empresários mal-intencionados. De fato, boa parte das dificuldades em procedimentos licitatórios, em todos os países, se dá por esses dois fatores, mas não se pode tributá-los com a culpa exclusiva pelas ineficiências existentes. Na verdade, problemas surgem em razão da própria essência dos competitórios, considerando que as ineficiências aparecem porque as modelagens existentes são incapazes de revelar a quantidade suficiente de informação para garantir procedimentos mais eficientes.*

Assim, o grande desafio daqueles que pensam procedimentos licitatórios é estabelecer mecanismos que promovam essa revelação de informação."

Bom, a esse ponto você já deve ter entendido o que significa o termo assimetria de informações e quais os efeitos desse fenômeno nas compras públicas.

Estabelecemos, então, que existe um problema no momento que o agente público faz a pesquisa de preços apenas com fornecedores, porque não é possível ter certeza se aquele orçamento enviado está dentro dos parâmetros de mercado ou não. Nesse caso, a empresa que lhe enviou o orçamento possui mais informações do que você.

Mas a nossa missão aqui não é apenas de mostrar o problema, precisamos trabalhar na solução e para isso, vamos voltar ao trecho do artigo que acabamos de ler, mais precisamente aos excertos a seguir:

1 - *"A licitação é um mecanismo de revelação de informações. Ela existe porque há dificuldades de transmissão de informações entre os governantes e os particulares que poderiam ser contratados para suprir as necessidades do Estado.*

Do contrário, se as informações fossem livres, perfeitas e gratuitas, não haveria necessidade de certame licitatório, bastaria ao gestor público contratar diretamente o particular que melhor atendesse aos seus critérios de escolha.

2 - O ponto central da discussão de licitação, portanto, é a questão da informação, ou melhor, de como atenuar a sua imperfeição.

*3 - **Assim, o grande desafio daqueles que pensam procedimentos licitatórios é estabelecer mecanismos que promovam essa revelação de informação.***"

Leia com calma esses três trechos.

No primeiro trecho os autores afirmam que a licitação existe porque as informações não estão disponíveis para o Estado, por isso ele licita. Dizem ainda que "a *licitação é um mecanismo de revelação de informações*".

No terceiro trecho os autores afirmam que **o grande desafio dos agentes que compram em nome do governo é encontrar uma forma de revelar o que o mercado sabe**, mas que você não sabe.

Bom, agora que absorvemos o conhecimento desses grandes expoentes das compras públicas, estamos prontos para voltar ao nosso exemplo de você comprando um carro.

Você continua andando de Uber porque ainda não encontrou um lugar que inspire confiança para te fazer entregar seu suado dinheirinho. Então você pensa, e se existisse uma forma de eu saber um pouco mais sobre o carro que estou comprando? Veja só, você não precisa saber tudo que o dono do carro sabe. Mas já seria bom pelo menos reduzir um pouco essa discrepância entre o que você sabe sobre o carro e o que o dono do carro sabe.

Você precisa de um *mecanismo de revelação de informações,* como nos ensinou a pouco Nobrega e Jurubeba.

Então você lembra que o seu irmão comprou um veículo recentemente e resolve perguntar a ele em qual loja o veículo foi adquirido e o que está achando dele até o momento.

O seu irmão lhe informa em que loja comprou o veículo e diz que ele está em perfeitas condições de utilização.

Além disso você tem outra ideia: e se eu contratar um mecânico para fazer essa avaliação por mim?

De uma hora para outra você conseguiu pelo menos dois mecanismos de revelação de informações. Agora além do testemunho do seu irmão, você ainda vai a loja com o seu mecânico de confiança para que ele faça uma análise do veículo por você.

Por fim, antes de fechar o negócio, você faz a seguinte proposta ao vendedor: eu só compro o veículo se ele tiver um ano de garantia total. É isso ou nada.

Ufa, até que enfim você vai ter seu carro e com reduzida probabilidade de ser enganado.

A pergunta agora é: como poderemos reduzir a assimetria de informações na compra do nosso raio X?

Qual seria um mecanismo de revelação de informação que poderíamos utilizar nesse caso.

Bom, a Lei 14.133/2021 nos disponibiliza algumas ferramentas para isso, como por exemplo realizar uma audiência pública, uma consulta pública (art. 20) ou até mesmo contratar um serviço técnico especializado para fazer um estudo técnico sobre a aquisição do equipamento (art. 74), ou ainda poderíamos utilizar um procedimento de manifestação de interesse, que está disponível no art. 78.

Contudo, todos esses mecanismos de revelação de informações possuem um custo para a sua utilização, o que poderia aumentar o custo da instrução processual. Ou seja, não é possível utilizar esse tipo de mecanismos em todos os objetos.

Outra ideia que também pode ser utilizada como forma de reduzir a assimetria de informação é treinar uma equipe para ela se torne especialista em fazer pesquisa de preços de alguns tipos de objetos.

Utilizando ainda o nosso exemplo, se a Secretaria de saúde estivesse constantemente realizando compras centralizadas de equipamentos médicos, talvez fosse ideal treinar uma equipe para que somente eles façam essa pesquisa de preços.

Dessa forma, a equipe ficaria tão experiente que com o tempo ela seria capaz de identificar distorções nos valore cotados e fazer as devidas correções.

Digo isso trazendo um exemplo prático da minha vida funcional. Nos últimos 5 anos eu tenho me dedicado em dois tipos de serviços: higienização hospitalar e coleta de resíduos de serviço de saúde.

Então, todas as vezes que esses serviços precisam ser contratados eu sempre estou presente na equipe de planejamento. Mas entenda, não significa que eu só trabalhe nesse tipo de objeto.

Contudo, nem sempre as organizações públicas possuem capacidade, mão de obra disponível e condições de treinar agentes públicos para que eles se tornem especialistas.

Outra possibilidade seria não divulgar o valor de referência, como prever o caput do art.24 da lei 14.133/2021:

Art. 24. Desde que justificado, o orçamento estimado da contratação poderá ter caráter sigiloso, sem prejuízo da divulgação do detalhamento dos quantitativos e das demais informações necessárias para a elaboração das propostas, e, nesse caso:

A não divulgação do valor de referência, desde que justificado, como prever o caput do art.24, poderia evitar que as empresas participantes do certame utilizem o valor divulgado como âncora para as suas propostas.

Esse mecanismo já é bastante utilizado pelas empresas estatais que estão sujeitas a lei 13.303/2016, como mostra o trecho a seguir:

*Art. 34. O **valor estimado do contrato** a ser celebrado pela empresa pública ou pela sociedade de economia mista **será sigiloso**, facultando-se à contratante, mediante justificação na fase de preparação prevista no inciso I do art. 51 desta Lei, conferir publicidade ao valor estimado do objeto da licitação, sem prejuízo da divulgação do detalhamento dos quantitativos e das demais informações necessárias para a elaboração das propostas.*

Por fim, quero terminar esse longo capítulo com uma pergunta: Quais mecanismos de revelação de informações você vai implementar no seu setor de compras para evitar que as situações descritas nesse capítulo ocorram?

12 - AUSÊNCIA DE REFINAMENTO DA ESTIMATIVA DE PREÇOS REALIZADA NO ESTUDO TÉCNICO PRELIMINAR.

Para facilitar o entendimento desse item vamos ler o inciso VI do § 1º do art. 18 da Lei 14.133/2021, que diz:

VI - estimativa do valor da contratação, acompanhada dos preços unitários referenciais, das memórias de cálculo e dos documentos que lhe dão suporte, que poderão constar de anexo classificado, se a Administração optar por preservar o seu sigilo até a conclusão da licitação.

O excerto transcrito está localizado no trecho da lei que descreve as informações que devem existir em um estudo técnico preliminar. Esse comando também está presente Instrução Normativa SEGES-ME 058/2022 no art. 9º, inciso VI.

Essa exigência legal tem sido motivo de diversos debates por parte dos grandes expoentes da logística pública brasileira.

Por um lado, existem doutrinadores que entendem que essa pesquisa de preços realizada durante a elaboração do estudo técnico preliminar não possui o rigor determinado pelo art. 23 da Lei 14.133/2021 e pela Instrução Normativa SEGES-ME 65/2021.

Nesse caso, essa pesquisa seria mais simples e teria a intenção apenas de subsidiar a equipe de planejamento no momento de atestar a viabilidade econômica da contratação.

Seguindo esse pensamento, a pesquisa de preços seria feita somente quando o termo de referência possuir informações suficientes para a total caracterização do objeto.
Os defensores dessa forma de trabalho, na qual eu me incluo, advogam que somente é possível elaborar uma pesquisa de preços para gerar o preço estimado da contratação após a total caracterização do objeto e, durante a elaboração do estudo técnico preliminar, isso ainda não teria ocorrido.

Contudo, existem também aqueles que defendem ser possível utilizar essa pesquisa de preços exigida no estudo técnico preliminar como insumo para se chegar ao valor de referência do certame.

Particularmente entendo que a pesquisa de preços para descobrir o valor de referência só deve ser feita quando for possível identificar, com clareza, todas as nuances do objeto de modo a permitir a inserção dos dados corretos no painel de preços. Além disso, as informações precisam ser suficientes para transmitir as características do objeto às empresas que porventura sejam consultadas.

Mas esse meu pensamento comporta uma exceção, qual seja, se no momento de realização da pesquisa de preços do estudo técnico preliminar for possível dispor de todas as características do objeto e a pesquisa for realizada seguinte os ditames da Instrução Normativa nº 65/2021, então, é possível utiliza-la para formar o preço de referência da contratação.

Esse tipo de situação ocorre em objetos mais simples e corriqueiros como por exemplo a aquisição de lápis, papel, grampeador, caneta. Nesse tipo de objeto não existe complexidade na sua caracterização. Além do mais são itens comprados com relativa constância pelos órgãos públicos, o que gera um certo nível de experiência na sua caracterização.

Na prática, nós sabemos que o estudo técnico preliminar e o termo de referência do ano anterior são utilizados no ano seguinte.

A bem da verdade eu nem vejo problema nisso, desde que feito da forma correta. Contudo, isso é assunto para outro momento.

Outra informação importante para o entendimento desse contexto é que o termo de referência pode modificar a solução que foi desenhada no estudo técnico preliminar, devido ao amadurecimento das especificações anteriormente definidas.

Essa forma de trabalho, inclusive, é defendida pela Instrução Normativa SEGES-ME 05/2017, mais precisamente no anexo V – diretrizes para a elaboração do termo de referência ou projeto básico, que diz:

2.3. Descrição da solução como um todo:

a) Descrição da solução como um todo extraída dos Estudos Preliminares, com eventuais atualizações decorrentes de amadurecimento com relação à descrição da solução.

Bom, delineado o pano de fundo do nosso conflito, agora será possível explicá-lo com clareza.

O problema se materializa da seguinte forma:

1 - A pesquisa de preços é feita durante a elaboração do estudo técnico preliminar, em um momento no qual ainda não é possível conhecer o objeto em toda a sua plenitude.

2 – O responsável pela elaboração do termo de referência identifica uma forma melhor de atender a necessidade e muda a solução previamente escolhida.

3 - A mesma pesquisa de preços feita durante a elaboração do estudo técnico preliminar é reutilizada durante a confecção do termo de referência sem levar em consideração as modificações realizadas na solução.

Bingo! Temos aqui um desastre iminente.

Por esse motivo, eu sugiro que a pesquisa de preços, que vai gerar o valor de referência do certame, seja feita apenas após a total configuração do objeto que ocorre durante a elaboração do termo de referência.

Ou se o agente optar por utilizar a mesma pesquisa de preços elaborada durante a construção do estudo técnico preliminar, para chegar ao valor de referência, observe o rigor das normas que definem a elaboração da pesquisa de preços e a total caracterização do objeto.

Além disso, fique atento às possíveis mudanças que porventura venham a ocorrer durante a elaboração do termo de referência.

Se ocorrerem mudanças, a pesquisa de preços precisa ser analisada para ver se ela ainda condiz com a realidade que existia quando da sua realização.

13 – MODIFICAR O TERMO DE REFERÊNCIA E NÃO ANALISAR SE A PESQUISA DE PREÇOS DEVE SER REFEITA.

Esse é um erro clássico que pode ser ocasionado por vários motivos. Contudo, eu escolhi duas situações para estudarmos nesse capítulo.

1 – Falhas estruturais no planejamento de aquisições.

2 – Interferência de agentes políticos no processo de contratação.

Ambos são problemas evitáveis com os instrumentos certos de governança.

Tanto as falhas estruturais no planejamento de aquisições como a interferência de agentes políticos no processo de contratação são fatores que podem ocasionar esse tipo de problema e ocorrem da seguinte forma:

Opção 1 - Durante a construção dos artefatos da fase preparatória o(s) agente(s) responsáveis pelo levantamento de quantidades, locais de entrega ou dos requisitos do objeto, esquecem alguma dessas informações ou elas são inseridas de forma incompleta ou em desacordo com os quantitativos aprovados no Plano de Contratações Anual.

Opção 2 - Devido à influência de um forte ator institucional os agentes técnicos se veem pressionados a fazer alguma modificação no termo de referência. As modificações as quais me refiro não são ilegalidades, contudo, possuem o potencial de ferir o princípio da economicidade e da celeridade, ambos esculpidos no art. 5º da Lei 14.133/2021.

As vezes o edital está prestes a ser publicado e o pregoeiro recebe um pedido de devolução do processo para que sejam feitas "pequenas" adaptações. Isso pode ocorrer devido ao motivo 1 ou ao motivo 2.

Independente de qual seja o motivo, é aqui que começa o problema.

Ocorre que a pesquisa de preços é realizada a partir de uma descrição do objeto, a qual é inserida nos bancos de preços oficiais ou a partir de contratações feitas por órgãos ou ainda direto com fornecedores.

Independente da fonte utilizada, o valor resultante da consulta é obtido a partir das características do objeto. Então, se ocorrem mudanças nessas características, teoricamente teríamos mudanças também no valor do objeto.

A quantidade a ser fornecida, o local de entrega e as grandezas que medem desempenho (como potência e produtividade) estão entre as características com maior influência sobre o preço de um produto.

Existem outras características que também influenciam na construção do valor final de um insumo, como por exemplo, a quantidade de entregas, o volume do produto, a embalagem, entre outros. Cada produto ou equipamento possui características próprias que, caso sejam modificadas, exigem que a pesquisa de preços seja refeita.

Por exemplo, o termo de referência está configurado para comprar 1000 itens, mas antes de o edital ser lançado, um outro cliente interno avisa que também precisará daquele produto. Então, o termo de referência é modificado para constar essa nova necessidade que não tinha sido identificada anteriormente. As quantidades então são aumentas de 1000 para 1500 unidades.

Em casos como esse, se a pesquisa de preços não for refeita, existe uma grande probabilidade de prejuízo à Administração, devido a não utilização do poder da escala.

No item 10 nós já vimos o que acontece quando o agente não utiliza o poder da escala a favor do órgão no qual trabalha, então nem precisamos mais falar sobre isso.

Ocorre ainda que, em alguns casos, o agente público que fez a modificação refaz a pesquisa de preços utilizando o seguinte raciocínio:

Bom, se 1000 unidades gerou um valor de referência de R$ 1.000,00, logo cada unidade equivale a R$ 1,00. Então não precisa refazer a pesquisa de preços. O que preciso fazer é multiplicar 1500 unidades (o novo quantitativo) por R$ 1,00. Dessa forma teremos R$ 1.500,00.

Eu desaconselho esse tipo de cálculo, pelo simples motivo de que o agente público não tem condições de analisar o impacto dessa mudança de quantidades na potencial economia de escala.

Apenas o fornecedor tem as informações necessárias para essa reanálise.

Ou deve-se proceder com a reinserção desses novos dados nos sistemas oficiais de preços, com a finalidade de identificar ganhos de escala. Ou seja, se a quantidade maior que está sendo adquirida possui um valor unitário menor do que a anterior.

Outro problema desse tipo de arranjo é que o agente público ficará sem os devidos documentos de suporte para comprovar a origem dos valores utilizados na construção do preço de referência.

Você pode estar pensando nesse momento: mas Abimael, basta eu informar isso no meu documento de formalização, explicando como foi que eu cheguei a esses números.

Sim, pode até fazer isso. Mas quando a auditoria interna ou externa pegar o seu processo, o que o auditor vai achar do seu processo? Você quer arriscar o seu nome? Quer arriscar a sua reputação?

Se os quantitativos iniciais do termo de referência sofrerem qualquer tipo de acréscimo ou supressão, eu sugiro que a pesquisa de preços seja refeita.

Aqui mais uma vez faz-se necessário o uso do princípio da razoabilidade.

O que eu quero dizer é: o aumento ou a redução de 10 unidades é suficiente para mudar a realidade do preço pesquisado?

Bom, já falamos sobre essa questão da razoabilidade no item 10, então não precisamos tratar desse assunto novamente. Continuemos com o assunto desse tópico.

No começo desse capítulo eu disse que esse erro acontece devido a falhas estruturais no planejamento. Vamos falar mais um pouco sobre isso para entendermos como podemos evitar que isso ocorra.

Quando eu falo que esse tipo de erro é ocasionado por falhas estruturais no planejamento eu me refiro **ao planejamento estratégico de compras públicas** e não aquele planejamento operacional que é caracterizado pela produção do estudo técnico preliminar, do termo de referência e da pesquisa de preços.

Existe uma ferramenta de planejamento estratégico de compras públicas que pode ser utilizada para resolver esse tipo de problema. Essa ferramenta é conhecida como Plano de Contrações Anual – PCA.

Observação: Antes de continuar o nosso raciocínio, eu preciso te explicar o seguinte:

O plano de contratações anual – PCA é o termo usado pela Lei nº 14.133/2021, pela portaria SEGES nº 8.678/2021 e pelo decreto nº 10.947 de janeiro de 2022.

Contudo, antes da existência dos normativos que acabei de mencionar, já existia um outro documento com uma nomenclatura parecida e que possuía a mesma função chamado de Plano Anual de Contratações – PAC. O PAC foi instituído pela Instrução Normativa nº 01 de janeiro de 2019 e faz parte do arcabouço lega da lei nº 8.666/93. O que muda é só a alocação da palavra "contratação", mas a finalidade é a mesma.

Pois bem, continuemos o nosso raciocínio.

A portaria SEGES nº 8.678/2021 dispõe sobre a governança das contratações públicas no âmbito da Administração Pública federal direta, autárquica e fundacional e traz comando no sentido que o PCA é obrigatório para as entidades regidas por essa norma.

Você deve estar se perguntando: Mas Abimael, por que esse erro ocorre no termo de referência e você está falando de Plano de Contratações anual?

Porque desde o começo desse livro que venho adotando a seguinte estrutura nos capítulos: primeiro eu mostro o problema, depois as possíveis causas e em seguida te sugiro uma solução.

Nesse caso, a existência de um Plano de Contrações Anual é suficiente para reduzir de forma significativa o tipo de erro que estamos tratando nesse capítulo.

A função dessa ferramenta é organizar em um só documento todas as aquisições e contratações que serão feitas no ano seguinte em um determinado órgão. Existe até um sistema chamado Sistema de Planejamento e Gerenciamento de Contratações – PGC, que é utilizado para gerir esse plano.

Mas digamos que você seja o responsável pelas compras de um pequeno município sem estrutura. Mesmo nessa situação você não tem desculpas para deixar de elaborar um PCA, por mais simples que seja.

Deixa-me te contar um segredo: O sistema PGC gera ao final do preenchimento do PCA uma planilha. Isso mesmo, uma simples planilha.

Agora me responda: O que você acha de fazer uma simples planilha com todas as aquisições e contratações que serão feitas no ano seguinte pela prefeitura e publicar essa informação no site do município?

Sim, vai dar trabalho. Mas se você for o gestor de compras do município, você precisa ter instrumentos mínimos de governança.

Além disso, o tempo investido na construção desse instrumento de governança será revertido em menos problemas no momento da construção dos processos de aquisição, inclusive no momento da pesquisa de preços.

Ainda existe um outro aspecto a ser analisado. Mas para entendermos melhor esse ponto, vamos ler o inciso VII do art. 12 da Lei nº 14.133/2021:

Art. 12 - No processo licitatório, observar-se-á o seguinte

...

VII - a partir de documentos de formalização de demandas, os órgãos responsáveis pelo planejamento de cada ente federativo poderão, na forma de regulamento, **elaborar plano de contratações anual,** *com o objetivo de racionalizar as contratações dos órgãos e entidades sob sua competência, garantir o alinhamento com o seu planejamento estratégico e subsidiar a elaboração das respectivas leis orçamentárias.*

A partir da leitura desse trecho da Lei 14.133/2021, é possível compreender a importância que a nova lei de licitações deu ao Plano de Contratações Anual.

Observe que, segundo o comando legal, o PCA será utilizado como insumo para a elaboração das leis orçamentárias.

Sim, eu sei que isso depende de um regulamento no seu município ou estado. Sim, também percebi que ele não é obrigatório, pois a palavra "poderão" possuir carga semântica bem definida.

Contudo, a maioria dos estados que já regulamentaram a utilização da Lei 14.133/2021, não deixaram de fora a elaboração do PCA.

Se quiser saber mais sobre isso leia o **decreto Nº 10.086 de 17/01/2022**, do Estado do Paraná e o **decreto nº 51.652, de 27 de outubro de 2021** do Estado de Pernambuco.

Essa informação me faz perceber que existe uma tendência das entidades responsáveis pela normatização do novo regime geral de licitações, de não deixar de fora essa importante ferramenta de planejamento estratégico de compras e contratações.

Por fim, independentemente de você elaborar o PCA ou não, o inciso IV do § 1º do art. 18 da Lei 14.133/2021 traz o seguinte comando:

IV - estimativas das quantidades para a contratação, acompanhadas das memórias de cálculo e dos documentos que lhes dão suporte, que considerem interdependências com outras contratações, de modo a possibilitar economia de escala;

Percebeu o que diz a parte destacada? Percebeu também que esse trecho da lei está inserido dentro de um contexto operacional?

Caro colega, a interpretação que faço desse trecho da lei é que você, quando estiver elaborando o estudo técnico preliminar, também deve ter um olhar global da sua organização. Não é possível planejar uma aquisição pública apenas olhando para o seu "quadrado" sem levar em consideração o contexto organizacional.

Existem dois objetivos nas licitações que, quando atingidos, elevam as chances de sucesso tanto da fase de seleção do fornecedor, quando da fase de execução contratual: **alta competitividade em um certame aliado a economia de escala.**

Então, caso a sua organização não elabore PCA, eu sugiro que de alguma forma vocês consigam aglutinar demandas iguais dentro da organização para que seja possível usar isso em benefício dos cofres públicos.

14 – REALIZAR PESQUISA DE PREÇOS EM SITES DE VAREJO OU MARKETPLACE.

Esse é o penúltimo capítulo desse livro e você já leu muito. Confesso que quando acabei de escrever o capítulo 11 pensei: será que ainda tem alguém lendo esse livro?

Bom, caso você ainda esteja aqui comigo, eu queria conversar de forma rápida com você sobre esse erro que também é bem comum na elaboração da pesquisa de preços.

Ele ocorre da seguinte forma: Às vezes o Agente responsável pela elaboração da pesquisa de preços não está conseguindo acessar os bancos de dados públicos e simplesmente entra em sites com Amazom, Mercado Livre e Americanas e retira de lá um valor para ser utilizado na pesquisa de preços.

Você estará sujeito a vários riscos na utilização desse tipo de informação para elaborar a pesquisa de preços. Mas eu prometi que a conversa sobre esse erro seria rápida, então vou abordar apenas um: o risco de desconsiderar a potencial economia de escala. Sim, já falamos sobre ele. Mas entendo ser necessário trazer mais um erro que pode desrespeitar esse princípio porque já vi isso acontecendo diversas vezes.

Você se expõe a vários riscos quando coleta informações de marketplaces para compor o preço de referência. Vamos falar de dois mais comuns:

1 – Utilizar um valor promocional, que esteja bem abaixo dos valores de mercado.

Quando você pesquisa um produto em um marketplace, a tendência é que ele mostre valores influenciados por duas situações:

A - Um valor promocional que esteja sendo cobrado por aquele item naquele momento;

B – Algum fornecedor pagou a plataforma para mostrar o preço na frente dos outros, independentemente de ser o menor preço.

Qualquer uma dessas situações tem o potencial de macular a sua pesquisa de preços. Caso ocorra a opção "A", você coletará um valor que não reflete a realidade de mercado. Você apenas identificou um preço promocional que pode não durar por muito tempo, ou pode ser uma condição especial conseguido por aquele fornecedor que pagou para que o produto vendido por ele apareça em destaque na plataforma. Logo, não será uma realidade de mercado.

Caso ocorra a opção "B", você coletará um valor que não reflete a realidade de mercado pois ele foi mostrado devido a uma vantagem oferecida pela plataforma aquele vendedor que pagar. Logo, existe uma grande probabilidade de que esse preço não reflita o valor de mercado, pois o valor pago pelo anunciante, certamente está embutido no valor que ele está cobrando pelo produto.

Além disso, o produto vendido em um marketplace possui uma taxa (ou comissão) que é paga pelo vendedor daquele produto a plataforma de vendas. Ou seja, a comissão paga para pelo vendedor á plataforma somada a taxa paga para que o produto aparece na frente da concorrência, certamente elevará o valor desse item acima dos valores normais de mercado.

2 – Não considerar a quantidade de itens que está comprando e perder o poder da escala para conseguir melhores preços de mercado.

Esse risco pode concretizar por uma ineficiência dos sites de marketplaces. É que, teoricamente eles são instrumentos de venda no varejo. Contudo, muitas vezes a administração realiza aquisições com características de atacado.

Ocorre que quando você faz uma pesquisa de preço em sites como esse, não é possível especificar mais do que 20 ou 30 unidades de um determinado produto.

Então, se a sua compra não for de quantidades pequenas como essa, você com certeza desconsiderará a economia de escala na sua aquisição.

Esses são apenas alguns dos riscos que podem se concretizar, caso você utilize essa fonte de informação na sua pesquisa de preços. Mas te garanto que existem muitos outros.

15 - CANSAÇO, ANSIEDADE E MUITOS ITENS EM UM SÓ CERTAME.

Deixei esse item para o final, de propósito. Esse erro, assim como o de número 13, está ligado a falhas estruturais que precisam ser resolvidas com instrumentos de governança das contratações.

Resolver esse tipo de problema passa por uma mudança de cultura. Mudanças culturais, geralmente, precisam de patrocinadores com forte influência dentro da organização, são lentas, dolorosas e, em algumas situações, são caras.

Eu defendo que os atores operacionais que atuam no macroprocesso de contratações são elementos catalisadores da mudança de cultura. Contudo, apesar de saber da importância desses bravos guerreiros, modificar a cultura sem o apoio da alta gestão não é um trabalho dos mais fáceis.

Por exemplo: é preciso avaliar se um processo de aquisição com 200 itens é algo vantajoso à entidade pública que você trabalha. Só quem já trabalhou em um processo com essa magnitude é que entende as dificuldades de operacionalizar uma pesquisa de preços, de forma correta, de um processo como esse.

Na verdade, muitas vezes quando você chega no último item da pesquisa de preços, os primeiros 10 itens já estão com a pesquisa vencida e será preciso refazê-la.

Para você entender melhor, leia esse trecho da Instrução Normativa SEGES-ME 73/2020, a principal norma que regulamenta a pesquisa de preços na Administração Pública Federal Direta:

Art. 5º - A pesquisa de preços para fins de determinação do preço estimado em processo licitatório para a aquisição e contratação de serviços em geral será realizada mediante a utilização dos seguintes parâmetros, empregados de forma combinada ou não:

I - Painel de Preços, disponível no endereço eletrônico gov.br/paineldeprecos, desde que as cotações refiram-se a aquisições ou contratações firmadas no período de até 1 (um) ano anterior à data de divulgação do instrumento convocatório;

II - aquisições e contratações similares de outros entes públicos, firmadas no período de até 1 (um) ano anterior à data de divulgação do instrumento convocatório;

A Lei 14.133/2021 também possui dois parâmetros com limitação temporal, como pode ser vista na leitura a seguir:

Art. 23 - O valor previamente estimado da contratação deverá ser compatível com os valores praticados pelo mercado, considerados os preços constantes de bancos de dados públicos e as quantidades a serem contratadas, observadas a potencial economia de escala e as peculiaridades do local de execução do objeto.

§ 1º - No processo licitatório para aquisição de bens e contratação de serviços em geral, conforme regulamento, o valor estimado será definido com base no melhor preço aferido por meio da utilização dos seguintes parâmetros, adotados de forma combinada ou não:

I - composição de custos unitários menores ou iguais à mediana do item correspondente no painel para consulta de preços ou no banco de preços em saúde disponíveis no Portal Nacional de Contratações Públicas (PNCP);

II - contratações similares feitas pela Administração Pública, em execução ou concluídas no período de 1 (um) ano anterior à data da pesquisa de preços, inclusive mediante sistema de registro de preços, observado o índice de atualização de preços correspondente;

III - utilização de dados de pesquisa publicada em mídia especializada, de tabela de referência formalmente aprovada pelo Poder Executivo federal e de sítios eletrônicos especializados ou de domínio amplo, desde que contenham a data e hora de acesso;

IV - pesquisa direta com no mínimo 3 (três) fornecedores, mediante solicitação formal de cotação, desde que seja apresentada justificativa da escolha desses fornecedores e que não tenham sido obtidos os orçamentos com mais de 6 (seis) meses de antecedência da data de divulgação do edital;

V - pesquisa na base nacional de notas fiscais eletrônicas, na forma de regulamento.

A Instrução Normativa SEGES-ME 65/2021 também possui comando semelhante, como pode ser visto no excerto a seguir:

Art. 5º - A pesquisa de preços para fins de determinação do preço estimado em processo licitatório para a aquisição de bens e contratação de serviços em geral será realizada mediante a utilização dos seguintes parâmetros, empregados de forma combinada ou não:

I - composição de custos unitários menores ou iguais à mediana do item correspondente nos sistemas oficiais de governo, como Painel de Preços ou banco de preços em saúde, observado o índice de atualização de preços correspondente;

II - contratações similares feitas pela Administração Pública, em execução ou concluídas no período de 1 (um) ano anterior à data da pesquisa de preços, inclusive mediante sistema de registro de preços, observado o índice de atualização de preços correspondente;

III - dados de pesquisa publicada em mídia especializada, de tabela de referência formalmente aprovada pelo Poder Executivo federal e de sítios eletrônicos especializados ou de domínio amplo, desde que atualizados no momento da pesquisa e compreendidos no intervalo de até 6 (seis) meses de antecedência da data de divulgação do edital, contendo a data e a hora de acesso;

IV - pesquisa direta com, no mínimo, 3 (três) fornecedores, mediante solicitação formal de cotação, por meio de ofício ou e-mail, desde que seja apresentada justificativa da escolha desses fornecedores e que não tenham sido obtidos os orçamentos com mais de 6 (seis) meses de antecedência da data de divulgação do edital; ou

V - pesquisa na base nacional de notas fiscais eletrônicas, desde que a data das notas fiscais esteja compreendida no período de até 1 (um) ano anterior à data de divulgação do edital, conforme disposto no Caderno de Logística, elaborado pela Secretaria de Gestão da Secretaria Especial de Desburocratização, Gestão e Governo Digital do Ministério da Economia

Observe que existe um limite temporal para que essa pesquisa seja utilizada, em todos os regramentos de pesquisa de preços. Na verdade, a Instrução Normativa SEGES-ME 65/2021, que é utilizada no sistema da Lei 14.133/2021, vai além das normas anteriores, e da própria lei que a originou e informa que, dos 5 parâmetros possíveis para serem utilizados em uma pesquisa de preços, 4 possuem limitação temporal.

Ou seja, se você estiver trabalhando em um processo com uma grande quantidade de itens a sua tendencia será utilizar cotações com pelo menos 4 ou 5 meses de vida para dar tempo finalizar a cotação de todos os itens e não gerar retrabalho.

Esse tipo de situação diminui ainda mais a margem que o agente tem para fazer a sua pesquisa e, inevitavelmente, leva a erros.

Caro colega, vou te contar um segredo meu, mas peço que você não me julgue, porque também não farei o mesmo com você.

É o seguinte: quando você está diante de uma situação como essa, fazendo a cotação de 200 itens e sofrendo pressão para entregar resultado, a tentação de utilizar o primeiro resultado que aparece no painel de preços é muito grande.

Você simplesmente quer se livrar daquele processo e pensa: **análise crítica dos preços coletados não existe aqui.**

Meu conselho para você: não sucumba a esse tipo de tentação. Se lá na frente esse processo tiver algum problema, se algum órgão de controle pegar esse processo, o nome que vai aparecer é o seu, que assinou o documento de formalização da pesquisa.

O nome de quem te pressionou para que o processo seja finalizado nem sequer consta nos autos.

Por isso, se você está no nível operacional, eu sugiro que você negocie com o seu superior metas possíveis de serem atingidas. Negocie entregas que possam ser construídas com o mínimo de qualidade de vida.

Se você estiver no nível tático ou operacional da sua organização, sugiro que você elabore ferramentas de governança das contratações e submeta a autoridade competente, com a finalidade de aumentar a segurança jurídica dentro da sua organização.

Eu entendo que o gestor de compras que atua no nível tático da organização deve desenvolver um planejamento estratégico de compras de forma a propiciar condições de trabalho para quem está na frente de batalha, operacionalizando os artefatos da fase preparatória.

Mas não é apenas a quantidade de itens em um processo que ocasiona esse tipo de erro. Quero falar sobre mais duas situações que podem gerar ansiedade e cansaço e que, por isso, podem ocasionar erros na pesquisa de preços.

Para isso, mentalize comigo a cena a seguir:
Sexta feira, quatro horas da tarde e você começa a se arrumar para ir para casa. A semana foi complicada com vários processos que voltaram da área de licitações com itens que foram cancelados.

Sabendo disso você já imagina que semana que vem terá que refazer vários processos de aquisição.
Faltam 10 minutos para você bater o ponto. Seu chefe entra na sala e diz: Dr. Fulano de tal enviou esse processo para a gente instruir e disse que é URGENTE!

Dependendo de como esteja o seu estado mental, pronto, estragou o seu final de semana.

A palavra urgente é inimiga de um planejamento feito e executado de forma correta.

Não estou dizendo que o processo tem que se arrastar. Longe disso. Até porque temos que lembrar do princípio da celeridade, esculpido no art. 5º da Lei 14.133/2021.

Contudo, se chegou como urgente é porque não foi planejado. Esse tipo de aquisição ou contratação, geralmente, tem cunho político. Ainda que seja para benefício da população, mas é utilizado de forma política.

Não estou colocando nessa conta dispensas emergenciais devido a fatores inesperados, como situações de calamidade.

Essa urgência geralmente é acompanhada de várias mensagens no WhatsApp e telefonemas perguntando quando o processo será entregue.

Esse tipo de situação cria o ambiente perfeito para erros na pesquisa de preços. E aqui não estou me referindo a ilegalidades por parte do agente responsável pela pesquisa.

Os erros acontecem pela limitação do ser humano. Pela capacidade produtiva limitada que é inerente à condição humana, misturado com um pouco de insatisfação com a situação.

Quando uma equipe é submetida a esse tipo de situação de forma corriqueira, inevitavelmente essas pessoas serão pouco a pouco desestimuladas de fazer um trabalho bem-feito.
O desânimo toma conta da equipe e a motivação vai a zero.

Como uma atividade que carece de grande capacidade de processamento pode ser executada por uma pessoa desmotivada. Uma pessoa que pensa "aqui tudo é bagunçado mesmo".

Quanto mais técnico for o agente, mais ele vai sofrer com interferências políticas.

Além disso, se o servidor submetido a esse tipo de situação ocupar a posição por indicação política, sem um cargo efetivo na instituição, ele não tem chance alguma de se defender contra esse tipo de investida.

Se o agente ocupar a posição por indicação política, existe grande probabilidade de ele fazer de "tudo" para que a pesquisa de preço saia logo para que o processo passe para a fase de seleção do fornecedor. O principal motivador nesse caso é medo de perder a posição.

Se o agente público ocupar um posto efetivo na organização, duas coisas podem acontecer:

1 – Ele vai fazer a pesquisa de "qualquer jeito" apenas para se livrar do processo;
2 – Ele vai fazer a pesquisa de forma correta, mas os outros processos nos quais ele já estava trabalhando sofrerão impacto, já que aquele não estava no planejamento.

É possível que essa situação desencadeie um efeito dominó, já que poderá levar a erros no futuro, quando a pesquisa de preços dos outros processos que ficaram parados estiverem sendo construídos.

Sabe por que isso pode acontecer? Porque o tempo que ele tinha disponível para fazer a pesquisa de preço dos processos que estavam sob sua responsabilidade já não existe mais.

Os itens no almoxarifado já estão perto de acabar e a pressão dos setores requisitantes começa a aumentar sobre esse agente.

Daqui a três meses ninguém mais lembra que essa pessoa teve que parar de uma hora para outra para fazer uma pesquisa de preços para um processo que era URGENTE.

Na verdade, talvez nem o agente que foi submetido a essa situação se lembre e ele mesmo começa a se culpar pelo atraso na instrução dos processos e a se achar incapaz de fazer o trabalho que faz.

Caro leitor, acredite, eu já vi isso acontecer diversas vezes.

Recentemente ministrei um treinamento no qual um dos participantes falou na frente da turma inteira: Mas Abimael, eu tenho dois filhos para sustentar, o que você quer que eu faça?

E continuou: se eu for fazer do jeito que você está ensinando o gestor não vai gostar.

Assim como naquele dia eu não tive resposta para aquela colega, eu continuo sem ter o que dizer desse tipo de situação.

Geralmente ao final do capítulo eu trago alguma recomendação de como agir para resolver o problema ou não deixar que o erro ocorra.

Contudo, não é justo que eu diga a você o que fazer em situações como essa, pois cada pessoa sabe das suas dificuldades.

Mas eu vou dizer para você o que eu faria. Eu estudaria muito até entender todos os detalhes de como fazer uma pesquisa de preços, faria um fluxograma de como deve ser executado uma pesquisa de preços e colaria na parede da minha sala.

Ao lado do fluxograma eu colocaria um estudo de tempos e movimentos de cada uma das etapas da pesquisa de preços, baseado nas últimas pesquisas de preços realizadas (levaria em consideração inclusive aquelas feitas pelos colegas).

Quando alguém chegasse para mim com um processo urgente para fazer a pesquisa de preços eu simplesmente diria:

Caro chefe, com base no fluxograma de como ocorre uma pesquisa de preços e no estudo de tempos e movimentos dessa atividade realizado com base nas últimas XX pesquisas que eu realizei, (esse número só você sabe. Contudo, quanto maior a amostragem, maior a qualidade da informação) pesquisas de preço desse tipo de objeto, sem desconsiderar o princípio da celeridade, vai consumir XX dias (ou horas) úteis do meu trabalho.

Além disso, quero dizer que os processos nos quais eu estava trabalhando serão impactados.

Deixo claro também que esse é o levantamento dos insumos de estoque que estão sob minha responsabilidade. Esses itens serão todos impactados devido ao atraso na pesquisa de preços.

Além disso, alguns dos itens que já tiveram os preços de referência construídos terão a pesquisa de preços refeita, devido ao vencimento da cotação.

Eu não só diria isso, como ainda enviaria um e-mail com esse mesmo texto.

Caro leitor. Isso é o que eu faria. Mas não estou dizendo que você faça.

Eu decidi a muito tempo que quero fazer a diferença na administração pública. Por isso, se eu fizer como todos fazem, não serei um agente de mudança.

Mas não quero te enganar. Se você fizer isso a sua vida não vai melhorar. Na verdade, é bem provável que piore.

Mas a sua consciência estará limpa. À noite, quando você colocar a cabeça no travesseiro, você dormirá em paz.

Por fim, quero deixar claro que eu não agiria dessa forma com a finalidade de enrolar no trabalho ou deixar o processo engavetado sem gerar resultados.

A finalidade é trazer racionalidade para o trabalho. É dizer qual é o tempo mínimo para executar uma tarefa, com celeridade e qualidade.

Observe que a argumentação que eu criei foi baseada em termos técnicos, científicos. Eu usei metodologias como forma de comprovar um tempo mínimo para que a atividade seja executada com qualidade.

Não adianta ter esse tipo de conversa com base em achismos.

Você precisa ter números adquiridos com base científica.

CONCLUSÃO

Caro leitor, que bom que você chegou até aqui. Isso significa que existe grande chance de você ter lido todos os erros/problemas sobre os quais eu falei nesse livro.

Se isso aconteceu, você deve ter compreendido o quanto a pesquisa de preços pode ser um momento complicado da fase preparatória.

Por isso, é imprescindível que o agente público responsável por essa atividade esteja em constante desenvolvimento de competências. Não basta simplesmente fazer um curso e achar que não precisa mais estudar.

O agente público responsável pela pesquisa de preços funciona como um sensor da administração e é responsável por captar sinais do mercado com a finalidade de entender o contexto e tentar reduzir a assimetria de informações.

Contudo, todos sabemos que a realidade da maior parte da administração pública brasileira, em todos os níveis, carece de estruturas adequadas para que o profissional que realiza a pesquisa de preços execute essa atividade com maestria.

Mas qual a estrutura ideal? Qual modelo de trabalho ideal? Quais normas de governança precisam ser elaboradas? Quais as competências precisam ser desenvolvidas? O ideal é ter uma equipe só para fazer pesquisa de preços?

O ideal é que cada equipe de planejamento ou agente faça a pesquisa de seu processo?

O Ideal é ter uma equipe generalista que faz pesquisa de preço para tudo e para os processos mais complexos a própria pessoa que fez o estudo técnico preliminar e o termo de referência faz a pesquisa de preços? Ou a melhor forma de trabalho seria com equipes especialistas em alguns objetos mais complexos como forma de reduzir a assimetria de informações?

A resposta para cada uma dessas perguntas vai depender de cada organização.

O ideal seria que cada órgão e entidade pública discutisse o modelo de funcionamento da sua área de pesquisa de preços e estruturasse uma configuração organizacional de acordo com a sua necessidade e possibilidade.

Você pode estar pensando: Abimael, o que você está dizendo é utópico, não é possível discutir um modelo apenas para a pesquisa de preços com tantas outras áreas importantes.

Caro leitor, quanto menor a sua organização, quanto menos recursos disponíveis mais você precisa se preocupar com dois atores institucionais: os agentes responsáveis pela pesquisa de preços e os agentes responsáveis pela fiscalização de contratos.

Essas duas classes de funcionários devem ser constantemente treinadas para que possam desempenhar suas atribuições com excelência. Cada centavo investido se traduz em milhares de reais economizados para os cofres públicos.

A pesquisa de preços possui, entre outras funções, a difícil missão de ser um dos primeiros sinais de como o mercado está estruturado em torno do produto ou serviço que se pretende licitar.

Por isso, quando o agente é bem treinado ele consegue, inclusive, utilizar a pesquisa de preços como um mecanismo de revelação de informação, como discutimos no capítulo 11 e reduzir a assimetria de informações em favor da administração pública.

Então eu sugiro que na próxima vez que você for fazer uma pesquisa de preços, você escreva essas três expressões e cole ao lado do seu computador: **cesta de preços, análise crítica dos preços coletados e lembrando dos ensinos dos professores Nóbrega e Jurubeba, como reduzir a assimetria de informações.**

Caro leitor, espero que estas poucas páginas tenham feito alguma diferença na sua vida profissional.

Talvez seja muita presunção da minha parte, mas espero que esse livro também tenha contribuído com a elevação da maturidade institucional da organização na qual você trabalha.

Obrigado pela companhia e fica com Deus.

BIBLIOGRAFIA

Filho, M. J. (2016). Curso de Direito Adminstrativo. São Paulo: Ed. RT. BIBLIOGRAPHY \l 1046

Filho, M. J. (2021). Comentários à Lei de Licitações e Contratações Adminstrativas. São Paulo: Ed. RT.

Fenili, R. (2018). Governança em Aquisições Públicas. Niterói: Impetus.

Santana, B. M. (2021). O Mínimo Para Você Entender Licitações e Contratos. Rio de Janeiro: Lumem Juris.

MANUAL de Orientação Pesquisa de Preços. **Superior Tribunal de Justiça**, 2022. Disponível em: <https://www.stj.jus.br/static_files/STJ/Licita%C3%A7%C3%B5es%20e%20contas%20p%C3%BAblicas/Manual%20de%20pesquisa%20de%20pre%C3%A7o/manual_de_orientacao_de_pesquisa_de_precos.pdf>. Acesso em: 27 de jan. de 2022.

Nóbrega, M e Jurubeba, D.F.A(2021). Artigo Assimetrias de Informação na Nova Lei de Licitações e o Problema da Seleção Adversa. Disponível em **https://irbcontas.org.br/wp-content/uploads/2021/09/Artigo-MN-e-PD-Direito-e-Desenv.-GP.pdf. Acesso em 19/06/2022**.

Camelo, B., Nóbrega, M., & Torres, R. C. (2022). Análise Econômica das licitações e Contratos. Belo Horizonte: Forum.